DWARSKLAP

skakerings van swart in die nuwe Suid-Afrika

PIET MATIPA

PENGUIN BOOKS

Uitgegee deur Penguin Books,
'n druknaam van Penguin Random House Suid-Afrika (Edms.) Bpk.
Maatskappy-reg.nr. 1953/000441/07
Estuaries nr. 4, Oxbowsingel, Centurylaan, Century City, Kaapstad, 7441
Posbus 1144, Kaapstad, 8000, Suid-Afrika
www.penguinrandomhouse.co.za

Penguin
Random House
South Africa

Eerste druk 2015
1 3 5 7 9 10 8 6 4 2

Publikasie © Penguin Random House 2016

Teks © Piet Matipa

Vooromslagfoto © Theana Breagem

UITGEWER: Marlene Fryer
BESTURENDE REDAKTEUR: Ronel Richter-Herbert
REDAKTEUR: Annelene van der Merwe
PROEFLESER: Melt Myburgh
OMSLAGONTWERP: Gretchen van der Byl
TEKSONTWERP: Ryan Africa
SETWERK: Martin Endemann

Geset in 11.5pt op 15.5pt Adobe Caslon

Gedruk deur **novus print**, 'n Novus Holdings maatskappy

MENGSEL
Papier van
verantwoordelike bronne
FSC® C022948

Penguin Random House is daartoe verbind om 'n volhoubare toekoms vir ons
besigheid, ons lesers en ons planeet te verseker. Hierdie boek is op gesertifiseerde
Forest Stewardship Council®-papier gedruk.

ISBN 978 1 77609 110 2 (druk)
ISBN 978 1 77609 111 9 (ePub)

Inhoud

Erkennings

Vir die kinderhuis waarby ek my lakse en lastige Afrikaans geleer het, wil ek graag dankie sê. Ek slaap, dink en drink in hierdie taal. Wat 'n soete taal. Ek het regtig 'n wonderlike tyd daar gehad.

Dan 'n groot soen aan my gunsteling, Anna-Retha Green, en my bhuti, Stefan van Zyl, wat my dinkskrumgenote was as my idee-put leeggeloop het. Ook aan my tannie, Wenette Jacobs, en my wit moeder, wat 'n ondersteuner deur die skryfwedren was.

Soteria (Soutie of Soutvleis) Matipa, my cool broer – want hy is cooler as ekke.

Dan peper ek vir *Beeld* met vrye en drukke, want hulle het my die geleentheid gegee om met woorde te kook sedert 2012. Dankie, Gallie van Rensburg. *Rapport* verdien ook 'n piksoen. Veral Tim du Plessis, oudredakteur, wat dit vir my moontlik gemaak het om te gaan studeer. Ek is ('n bietjie) slimmer danksy hom.

Die ATKV, natuurlik, want hulle het my ondersteun deur my universiteitsjare. Hulle is 'n spul wonderlike mense wat mooi maak in Afrikaans. Hallo, Mercia Eksteen!

Dankie vir die Noordwes-Universiteit se Potchefstroom-kampus. Dit was 'n unieke ervaring om daar te studeer. Ek sê ook graag dankie aan my gunsteling- joernalistiek-dosent, Cornia Pretorius. Sy het geduld gehad met my luiheid.

'n Groot druk aan juffrou Augusta Jordaan van die Hoërskool Waterkloof. Sy was die begin van alles.

Dan bedank ek vir Marlene Fryer, Melt Myburgh en Ronel Richter-Herbert by Penguin Random House vir die geleentheid wat hulle my gegee het om my bek uit te spoel.

Opgedra aan kinderhuiskinders

Hoofstuk Een

Misdaad, jou moer!

Dit was Desember en die aand was op sy stukke. Die sterre het soos confetti in die lug gehang en die maan was 'n diskobal. Die atmosfeer was jolig, die gees was orig, en ek was effe gekettie. Dit was goed.

Ek het besluit om my kroese los te laat en saam met my vriende in die wille Melville te gaan kuier. Melville is in Pretoria se los suster, Johannesburg. Sy het nogal 'n reputasie aan haar.

Ons het dié aand van kuierplek na drinkplek tot dansplek geslinger. Ons het geruk, gerol, geskud en geniet. Natuurlik omdat ons so uit die tier se speen gedrink het. Ons gesigte het die aand se donker weerkaats van al die sweet.

Op 'n kol het ek en my vriende mekaar verloor en ek het soos 'n verdwaalde skaap alleen in die straat gewandel. Onbevrees en voor op die wa, nogal. Min het ek geweet ou Jozi(fien) het baie wolwe.

Wat volgende gebeur het, het as 'n hygroman begin en in 'n speur-verhaal ontaard. Drie het na my toe gekom. Nie eers gegroet nie, niks. Hulle het my gegryp; een het my hande vasgehou. Ek het so hard asem-gehaal daar was wasem op die somersnag. Die ander se hand het oor my skraal lyf gestreel, op en af. Die derde het in my oor gefluister dat ek nie 'n woord moet rep nie. Ek het gehoorsaam, soos 'n goeie onderdanige.

Hulle het gekwyl en geknor. Duidelik lus vir wat ek het. Hulle kon hulle nie inhou nie, hulle moes dit nóú kry. Hulle het 'n veer gevoel oor wie verbystap of kyk. Die nag het verdoesel waarmee hulle besig was. Ek was aan hul genade oorgelaat.

Die een se hand het aanhou streel, vinnig ook. Duidelik wou dit pik. Dit was my eerste keer. Ek het nie geweet hoe om te reageer nie. Ek het wel geweet ek kan nie drie hanteer nie. My skraal ou lyfie.

Die hand het suidwaarts tot in my sak geseil en die moer vat toe my selfoon en my bankkaart. Ek was, soos koningin Liesbet se mense sê, gemug. Slegs 'n paar maande in die los Jozi en sy wys my waarvan sy gemaak is, die slet.

Die drie het toe laat spaander toe hulle gehad het wat hulle wou hê. Ek het soos 'n gekweste skaap in die straat gestaan. Ek kon met niemand kontak maak nie.

Selfbejammering het soos stortreën oor my gespoel. Ek het nie geweet hoe ek by die huis gaan kom nie. Soos 'n hawelose moes ek vreemdelinge om hulp vra, want ek weet nie waar my vriende heen was nie.

Die een vent het my gevra of ek hoog is toe ek hom vra om te help. Ek het hom 'n paar woorde toegesnou – en so verdwyn enige kanse dat hy my gaan help.

Op daardie oomblik het ek 'n terugflits gekry van eenkeer toe ek in die preutse strate van Pretoria gery het. Daar was 'n Evatjie wat dringend vervoer wou hê. Sy het buite my venster gevra en uit desperaatheid my deur se handvatsel vasgegryp. Ek het so groot geskrik (ek skrik selde klein) dat ek laat waai het en die vroutjie alleen gelos het. Sy het wild gelyk en vertroue in vreemdelinge is so skaars soos werk in Suid-Afrika. Of soos elektrisiteit, water, goeie regering. Die lys is lank.

Een van die sewe stappe van selfbejammering is berou. Skielik het ek sleg gevoel dat ek haar daar gelos het. Miskien was daai aand ook mislik met haar soos dit met my was – en ek het my wang gedraai en weggery. Dit was seker die blinde sambok wat my getref het en met elke hou 'n stukkie uit my gees gemoker het.

Teen dié tyd was ek in 'n dam van selfbejammering en ek het lanklaas geswem. Ek dra graag by tot die swart stereotipe wat swem betref. Ek kan so bietjie, maar ek haat dit. Dans doen ek graag en nogal met ritme.

Een wat gesien het dit gaan nie te wonderlik met my nie het besluit om my te help. Teen dié tyd was dit drieuur in die môre. Die son se alarm sou binnekort afgaan. Hy het vir my gesê ek moet eers saam met hom na sy huis toe gaan, dan reël hy vir my 'n taxi van daar af.

Die aanbod het 'n rapsie verdag geklink. Skielik het dié een ook wolfeienskappe begin vertoon, asof hy by 'n kunsuitstalling vir misdaad is, soos die ander drie wat my van kommunikasie beroof het. Ek sê toe: "Ek wil nie hê jy moet my niere op die swartmark verkoop nie." Hy het gelag en beloof, beduie dat sy foon pap is en hy nie dadelik vir my 'n taxi kon reël nie. Ek het maar ingestem, want smekers kan seker nie kieskeurig wees nie. Daar gaat ons toe.

Ons arriveer by die huis en hy laai sy foon. Ek sou my skaam as ek die vent was. Die plek was so deurmekaar, mens kon nie kombuis van kamer onderskei nie. Ek het egter my smoel gehou, want hy het my met goedhartigheid gesmeer.

Daar was egter 'n kinkel. Hy sê toe vir my hy sal my help, maar ek moet hóm eers help ... wink-wink. Die kartonboks (se sinoniem) wou hê ek moet hom lekker maak ... plesier. Ek dink my hart het toe vir 'n paar sekondes ophou klop van skok. Hoekom het goedheid altyd 'n motief? het ek stilletjies gewonder.

In my verstand is vergadering gehou oor hoe om die situasie te hanteer. 'n Oproep is vinnig na die oë gemaak, die oë het toe begin dreig om die kraan oop te draai. Die outjie het besef hy moet elders gaan hulp soek, want van my gaan hy dit nie kry nie.

Genadiglik het hy toe die taxi gereël en ek was op pad huis toe.

Dit was nie my eerste keer nie. Wat misdaad betref, het ek my maagdelikheid lankal verloor, sonder enige beskerming en voorbehoeding. 'n Mens onthou altyd jou eerste keer.

Ek was nat agter die ore, moerjonk. Die jaar ontgaan my skoon. Plooie was nog net 'n mite. Die jeug was so vars, dit was skoon naïef.

Ek het die middag ná skool teruggestap huis toe deur die strate van Mamelodi, buite Pretoria. Die bewolkte lug was weer in 'n bui. As hy daai grys gelaat kry, dan weet jy hy gaan almal natpis. Dit het gegrom en nou en dan geflikker soos iemand wat dreig om jou 'n taai klap te gee. Ek was egter gereed vir die aanval en het heel uitdagend met my reënjas in my hand geloop.

Nou dié was nie 'n gewone reënjas nie; die nuut het nog aan hom geklou. Ek het dit nog nooit aangetrek nie en was natuurlik opgewonde om dit vir die eerste keer te dra. Tot op daardie oomblik was dit net 'n versiering sodat die ander kon sien. Ek het dit elke dag skool toe gebring, maar dit nog nooit nodig gekry nie. En wanneer 'n mens jonk is, waardeer jy 'n nuwe ding meer.

So stap ek, kaatjie van die baan. Toe sluit 'n ander seuntjie by my aan. Hy was omtrent my ouderdom. Dié knoop toe 'n geselsie aan. Die goeie ding van die jeug is mens is nog nie wantrouig nie. Wanneer 'n wolf vriendelik is, vertrou jy hom sonder om te vermoed dat jy dalk sy middagete kan wees.

Die laaitie het kaalvoet gestap; hy het nie van die skool af gekom soos ek nie. Sy klere was duidelik al deur baie in die lewe. Geen rooi lig het vir my aangegaan nie. Ons almal raak vuil as ons gespeel het. Ek weet van niemand wat ongedeerd modderkoekies bak nie. Daar is altyd 'n letsel wat op die klere agterbly. Dit was nie ongewoon dat die outjie vuil was nie.

Ek wens ek kan onthou waaroor ons gepraat het, maar die argief in my brein het daai inligting weggesmyt. Waaroor kan kinders regtig praat? Sport? Beslis nie die weer of die probleme in ons land nie.

Terwyl ons praat, gryp die bra my reënjas en laat spaander. Net daar verander die maatjie in 'n klein wolf. Hy het duidelik gewag dat ek op my gemak is voor hy toeslaan. Die jas het seker sy aandag getrek toe hy my sien loop het.

Ek, wat nou al 'n verhouding met die kledingstuk het, het hom agternagesit. Geskreeu. Maar hy het soos blits beweeg, soos 'n luiperd. Dit was klaarblyklik nie die klein booswig se eerste keer dat hy steel nie. Ek was vasberade om my reënjas te red. Net daar besluit die wolke om dramaties te raak, want my aandag het verskuif. Dit begin reën. Ek hou aan hardloop. 'n Paar druppels sou nie in my pad staan nie.

Die klein dief het spoed gehad, en ek kon nie byhou nie. Terwyl ek by die skool was, was hy seker by die misdaadskool. Waar anders leer mens om so venynig te wees?

Ek glo vas daar is iewers 'n opleidingsentrum vir misdadigers. Dis ál wat sin maak. Om 'n misdaad te pleeg is nie 'n impulsiewe en spontane daad nie. Nee. Dit behels baie strategie. Om voor te gee om vriend te wees en dan vyand te word, is nie iets wat uit die baarmoeder kom nie. Iewers word jy opgevoed.

Ek kan my die kurrikulum voorstel. In graad 1 van die misdaadskool word jy geleer om te lieg, want om voor te gee, moet jy kan jok. Graad 2 het baie fisieke aktiwiteite. Daar word jy geleer om vinnig te hardloop, en op 'n kol word jy in die hoogspringkuns afgerig ingeval jy oor 'n muur moet kom. Ek vermoed geweld is nog nie deel van die leerplan in die misdaadlaerskool nie. Ek weet nie hoe die leerplan deesdae lyk nie; miskien is daar reeds aanpassings gemaak. In die hoërskool is daar heel moontlik wapenstudie. Hoe om 'n mes vas te hou en natuurlik watse ander alternatiewe daar is indien 'n mes nie bekombaar is nie.

Dan is daar tersiêre opleiding. Hier kom die groot goed ter sprake, soos hoe om te smash-en-grab. Dit is ook nie 'n tjoeftjaf-taak nie. Dit behels fyn hand-oog-koördinasie. Spoed is 'n faktor, want daar is net een kans. Boonop word die studente geleer hoe om 'n vuurwapen te gebruik. Ek dink in dié klasse word die jongmans eers opgelei om hul gevoel en menswees te verloor, want om 'n wapen te lig sit nie in enige iemand se broek nie. Wanneer jy nie meer aan ander mense as mense dink nie, dan voel ek is jy gereed.

Soos by enige opvoedingsinstansie is daar groepwerk. Jy word geleer om in harmonie saam met ander te werk om 'n taak te voltooi. Ja, jy sal hier en daar met iemand stry kry, maar dit moet uitgesorteer word.

Ek was drie jaar lank 'n misdaadverslaggewer by die koerant *Beeld* in Pretoria. Die goed wat die kwaaddoeners aanvang móét by die een of ander instansie aangeleer word. Dit is al hoe ek sin hiervan kan maak.

Terug by Dief Junior. My verhouding met my reënjas is toe beëindig. Ek dink ek het op 'n kol 'n stukkie daarvan gevoel toe ek dit probeer gryp. Daai laaitie was duidelik 'n uitblinker van sy jaargroep, want hy het dit reggekry om weg te kom. Ek het so gehuil, mens kon nie onderskei tussen die reën en die trane nie.

Op pad huis toe was my hart baie seer. Ek het waarskynlik meer waarde aan die jas geheg as aan my foon wat later in Melville gesteel is. Ek dink deesdae is mens só dankbaar jy is ongedeerd wanneer 'n booswig toeslaan, dat materiële goed vir jou minder belangrik word. Maar toe was my reënjassie nog vir my kosbaar. Dit het gestink van die nuut en net toe ek dit wou aantrek, word dit van my gesteel. Net daar het die kaalvoet outjie wat met my gesels het, my misdaad-maagdelikheid gevat en dit was seer, baie seer.

Die blinde sambok is 'n seer ding, en hoewel mens natuurlik nie-mand leed toewens nie, is die simpatie-emmer vir 'n skelm maar 'n leë emmer.

Doer in Arcadia in Pretoria, so neffens Zuma se kasteel, die Uniegebou, het ek tot kort gelede gewoon. Nou as mens bure is met Zuma, is daar mos geen rede om te vrees nie. Daar is mos beskerming. Ek het gehoop sy wagte hou ook maar 'n oog oor my tuiste.

Ek het alleen in 'n tuinwoonstel, wat ek my hut gedoop het, gebly. Ek is maar een wat nie kan deel nie. Op universiteit kon ek in die koshuis nie met 'n roema cope nie. As jy die lig af wil hê, wil hy dit aan hê. As jy wil slaap, wil hy wakker wees. Ons het maar erg baklei, en uiteindelik besluit ek toe dit sal beter wees om met my eie geselskap klaar te kom.

Die hoofhuis was natuurlik langs my tuinwoonstel. Van my kollegas het daar gewoon. Lieflike mense. Ek kon my musiek hard speel en in my onnie dans sonder dat daar 'n klaaglied was. Hulle kon kuier en partytjie hou en ek het ook nie geblaf nie.

Harmonie het geheers, nes by 'n aftreeoord. Daar was mooi, groot groen flora, genoeg skadu om die son se wreedheid te tem-per. Die jakarandabome was te flambojant. Die strate was stil, asof daar nie geboorte gegee is aan 'n enkele kind nie. Saligheid. Rustigheid. Gelukkigheid.

Alarms? Watse alarms? Niks sulke dinge nie – dit is dan veilig hier. Zuma se mense kyk na ons en nee, hou op – ek weet wat jy dink: die grootste skelm. Daar was geen beams en allerhande ander gevaar-waarskuwers nie. Vir wat wil mens nou geld mors. A nee a.

Tot een naweek. Ek het die Vrydag besluit ek gaan bietjie koek-swaai in Potchefstroom, kuier en dies meer – die drank is goedkoop. By my tuiskoms ná 'n heerlike naweek merk ek op die huis langs my hut se venstertralies is gebuig. My gedagte het nie dadelik na inbraak toe gespring nie, want ons ken dit mos nie daar nie. So vra ek toe en hoor daar was waaragtig ongenooide gaste. Dit wás 'n inbraak.

Paranoia het toe begin voortplant asof dit onderhoud by die regering kry. Hoewel daar by my huis nie 'n teken van 'n boosdoener was nie, het vrees steeds geheers. Wat as hulle terugkom? Zuma se mense hou duidelik nie 'n oog oor ons nie, net oor hom.

So waar as wragtig het 'n paar besoeke gevolg. Ek weet ons almal hou van huisbesoek op sy tyd, maar nie snags terwyl jy slaap nie. Ek bedoel, nie almal lyk daai tyd van die nag aanvaarbaar as hulle be-soekers kry nie. 'n Mens moet eers bad en mooimaak: watse indruk wek jy met slaap in jou oë? As jy onkant gevang word, is daar ook altyd die gevaar dat daar nie genoeg melk vir tee is nie. Watter verleentheid.

Maar dié besoekers wou duidelik nie tee drink nie. Hulle was daai tipe gaste wat kom kuier en as jy weer kyk, is jou televisie weg. Of jou selfoon. Hulle is maar lief vir 'n belding, seker baie oproepe om te maak. Ek weet nie.

Ek het geweet hulle het kom besoek aflê toe ek een oggend ontwaak, soos 'n prinses in 'n sprokie, en my kamervenster se gordyn is bietjie oop. Dit is seker my skuld, het ek gedink, want ek het die venster nie toegemaak nie. Die somer was op sy stukke, ek het bietjie varsigheid nodig gehad.

Omdat ek die Here se oogappel is, het hulle gelukkig nie ingekom nie. Maar fietse en ander goed wat buite gestaan het, is deur ons ongenooide gaste gevat. Dit was nie genoeg nie; hulle het teruggekom en is in die huis betrap. Kan jy jou voorstel jy slaap en hier is iemand langs jou? Mense van vandag het nie meer maniere nie.

Die ongenooide gaste het ons gedryf tot waarskuwingsapparate, iets wat lawaai maak as iemand aan jou venster of deur vat. Ek het nie 'n oog toegemaak nie. As 'n tak die venster getref het, het ek die Onse Vader begin opsê, want ek het gedink ons het weer besoekers.

Ek was toe nog 'n misdaadverslaggewer. Kan jy jou voorstel? In die aand is jy bang vir die gaste (of wolwe) wat gaan toeslaan en in die dag hoor jy van ander wat ook ongenooide gaste gehad het. Daar was geen rus vir die siel nie. Dit was asof die gees 'n marathon gehardloop het en daar was niemand langs die pad om aan te moedig of water te gee nie.

Ons was blykbaar nie die enigste gashere en gasvrou in die straat nie: ander het ook deurgeloop. Daar is ook by ander gaan kuier in die middel van die nag, sonder enige waarskuwing.

So vind ons later uit die buurman oorkant ons is oorlede. Haai shame. Dié het blykbaar gebraai en die braaier die huis ingedra. Hy het toe aan die slaap geraak met die braaier in sy kamer en vermoedelik versmoor. Tragies. So kom die polisie toe in sy kamer en vind wat soos gesteelde goed lyk. Dit lyk toe of buurman dalk die boosdoener was wat homself na almal se huise toe genooi het. 'n Mens kan sowaar nie eers meer jou bure vertrou nie. Wat word van die land (in my tannie se stem)?

Ek sê nie ou buurman was wel skuldig nie, maar ná die nuus van sy tragiese dood was daar nie meer besoeke nie. Rus en vrede het na die huis teruggekeer en vir die eerste keer in 'n lang tyd kon 'n man weer sy oë toemaak.

Is dit die blinde sambok? Ek weet nie, want mens verlustig jou mos nie so in ander se leed nie. Maar al wat ek van die sambok gehoor het, is: As hy slaan, maak hy seer. Baie seer.

Gepraat van seer. My hart was in stukke toe die pad na my werk toe my verraai het. Ek het dit vertrou soos 'n bruid haar bruidegom.

Voor ek na Johannesburg verhuis het, het ek lank vanaf my hut in Arcadia na my werk in Lonehill gery. Ver en frustrerende pad. Die verskil tussen veertig minute en twee uur op die pad was 'n trok wat in die middel van die snelweg gaan staan het. Dan was daar natuurlik ook die ongelukke. Reën het ook seker gemaak daar word nie in vrede by die huis gekom nie. Tot vandag toe kan ek nie verstaan hoekom daar so 'n algemene gesukkel is as dit reën nie. Ek begryp dit eerlikwaar nie.

Die reis werk toe en terug was lank en vervelig, maar ook voorspelbaar. Ek het soggens in my voertuig geklim, musiek geluister of liedjies in my kop gekomponeer tot ek by die werk kom, en op pad huis toe het ek dieselfde gedoen.

Ek het een aand laat gewerk en huis toe gery. Iemand was weer moedswillig, want al die verkeersligte was rooi. Dis iets wat my tiete lam maak. Hoe is al die ligte dan rooi? Is daar nie wiskunde agter hoe hulle dit stel nie?

Wel, ek stop toe en wag vir die groen van hoop. Dit het omtrent gevoel of ek 'n halfuur wag. Nou as mens wag, kyk jy mos nie rond vir wat om jou aangaan nie. Jy sal kant toe kyk, maar ons is mos geleer om ons oë op die pad te hou, altans vóór ons. So geleer en so gemaak.

Ek weet nie wat dit was nie, maar ek besluit toe om om te kyk. Hier staan 'n gemors by my passasiersvenster links en loer. Ek het gehoop hy loer omdat hy gefassineer is oor hoe skoon dit is. Ek ruim dit selde op, daarom is ek nie verbaas wanneer mense my kar bewonder as hy die dag blink nie. Dit was beslis nie hoekom die wolf by my kar ingeloer het nie. Hoekom sal jy iemand se skoon voertuig bewonder met 'n klip in jou hand?

Die gemors wou duidelik my mooi geel kar leed aandoen en vat wat hy wou hê, asof my kar 'n Black Friday Special het. Mense gaan tekere vir 'n special, vra maar vir die winkels. Die deur word gebreek, die aantal trollie-ongelukke oorskry dié van motorongelukke. Dit is chaos. Die vensterloerende gemors se oë het deur my kar geseil. Gelukkig was dit blinkskoon en niks het rondgelê nie. Toe ek hom sien, het hy gemaak dat hy wegkom; ek het natuurlik geskrik en petrol getrap. Dis die dag dat die pad werk toe my verraai het, en toe is my vertroue geskend.

Ek dog my haat vir misdaad wys op my gesig, maar duidelik is daar iets aan my wat vir party verdag lyk, veral in die winkels. Ek kom dit al hoe meer agter.

Ek hou mos daarvan om te gaan shop. Maar as ek my poot in die winkelsentrum sit, dan volg die veiligheidswag se oë my. Ek het aanvanklik gedink dit is in my kop, maar toe besef ek die mannetjie dink ek is ook 'n wolf in skaapsklere.

Ek het by die rak met gloeilampe gestaan. Ek het dié gesoek wat die son naboots met daai warm kleur. Die ander lyk asof dit in 'n kamer vir ondervraging hoort. Terwyl ek soek en lees, sien ek uit die hoek van my oog oom Sekuriteit staan 'n entjie weg van my. Hy was dan netnou nog by die deur.

Hy begin toe "subtiel" die gangetjie patrolleer waar ek is. Hy probeer hard om nie na my te kyk nie, maar sy oë dwaal kort-kort in my rigting. Ek kry toe wat ek soek en beweeg na 'n ander gang vir iets anders. Kort voor lank was hy ook daar, maar dié keer het hy nie die gang waarin ek was gepatrolleer nie, nee. Hy het stadig verby die gang gestap sodat dit nie opvallend was dat hy my eintlik dophou nie.

Ek dink die grootste prys vir hom sou wees as ek die goed wat ek gekies het, iewers weggesteek het om te steel en hy vang my. Dan het al die spioenwerk vrugte afgewerp. Ek dink hy het op daardie dag soos 'n geheime agent gevoel. Ek gaan toe na die toonbank om te betaal. Hy het toevallig 'n paar treë weg van my gestaan, tot ek uit is.

Dit was nie net 'n klap in die gesig nie, maar 'n skop in die knaters. Ek het daarna ekstro- en introspeksie gaan doen om te bepaal wat aan my booswigagtig lyk. Ek dra dan bril en is maar skraal. Mens vertrou gewoonlik iemand wat bril dra. Hulle lyk dan so onskuldig. Toe besef ek my kaal voete in die winkel het seker nie bygedra tot my beeld van onskuld nie.

Wanneer dit by misdaad kom, is ek soos 'n vrou wat verneuk is. Of goed gedonder. My wens vir misdaad is 'n lang, pynbelaaide dood. Misdaad verdien slegs die uiterste wat die dood betref. Mag misdaad ly tot sy laaste uur. Mag misdaad skreeu, maar geen hulp kom nie. Mag misdaad se krete op dowe ore val. Mag daar geen verlossing kom vir misdaad nie. Mag misdaad dieselfde vrees tien keer meer voel as wat duisende elke dag voel. Mag misdaad dieselfde fisieke pyn deurgaan as wat hy op 'n klomp ander afgedwing het.

Misdaad moet geen geluk ken nie. Dit moet geen vrugte pluk nie. Dit mag net die uiterste smart ervaar.

Moenie in vrede rus nie, misdaad!

Die liefde. Die leed

En toe vind ek uit ek is 'n mistress.

Die wolke was spookasem, vet en donsig. Die son het daardie dag aandag gesoek. Oral geskyn en seker gemaak almal sien en voel dit. In die algemeen het vrolikheid in die lug gehang soos 'n tiener op pad fliek toe se spuitgoed.

Dié dag wou ek myself bederf, soos enige ander dag. Die verskil is dit was vyf oor pay day en die geld het 'n verdagte knop in my sak gemaak. Nou, 'n heerlike bederfie vir my is 'n besoek aan 'n gewilde kettingwinkel om 'n burger met 'n roomys te geniet. Roomys is die oplossing vir baie probleme.

Ek daag toe by die kettingwinkel op en nes ek, het ander besluit hulle gaan hulleself bederf. Die ry was treinlank. Ek moes moed bedel om in daardie lang ry te staan. Die vooruitsigte was egter baie belowend.

Soos ek staan en kliphard in my kop sing, onderbreek iemand my interne sang en besluit om 'n geselsie aan te knoop. Kom ons noem dié sommer Persoon en dié se van is nou sommer Janse van Stiltesteler. Persoon het die gesprek afgeskop met "die ry is lank, hè?". Onkant gevang, het ek beleefd geknik en geglimlag, maar soos 'n Sandtontannie wat voorgee sy hou van iemand wat stink. Jy weet, die stinkglimlag wat beteken jou neus is in afgryse, maar jou mond probeer dit wegsteek. Ek speel weer verder musiek in my kop. Persoon begin vertel van hoe hy rye haat en nie kan verstaan hoekom so baie mense hier is nie. Omdat ek sy sentiment gedeel het, het ek dit maar beaam en bygevoeg: "Het hulle niks beters om te doen met hul tyd nie?" Ons het saam oor die ironie van die gesprek gelag.

Die ys was gekraak, maar nog nie gebreek nie. Die gesprek wat gevolg het, het toe soos 'n klein dorp se paaie baie draaie gehad. Een van daai tipiese generiese gesprekke.

Persoon: Wat doen jy vir 'n lewe?
Ek: (Antwoord).
Persoon: Dit klink opwindend. Bla-bla-bla.
Ek: En jy?
Persoon (*kastig skaam*): Myne is nie so opwindend soos joune nie.
Ek is 'n (antwoord).
Ek: Dit klink baie fancy. Jy moet flippen slim wees. (Ek dink eintlik dit is vervelig, maar het darem maniere geleer.)

Persoon is dan baie beskeie, beduie dat dit net 'n werk is en die huur betaal. Ek antwoord met 'n glimlag, want my spens het nie meer valse komplimente oor nie.

Ek kom toe voor in die ry. My maag het gebrom en gemompel en gekreun van die honger – omdat dit lekker kos ruik, maar niks daarvan kry nie. Ek het bestel, betaal en begin loop toe Persoon vir my sê dit was lekker om te ontmoet. Soos 'n geoefende Sandton-tannie het daai glimlag weer uitgekom. Dié het my nommer gevra. "Ons kan chat." Ek het my nommer vir Persoon gelees en gevra vir 'n missed call. Ek sal Persoon se nommer so op my foon sit. Daar gaat ek toe.

Die dag gaan, die nag kom, die dag kom en die nag weer. Hier kry ek 'n boodskap van Persoon. Ek antwoord en ons voer 'n gesprek met ons vingers. Ek verpes vingergesprekke. Ek is te vertraag wat dit betref, letterlik vertraag. Ek is baie stadig. Ek tik ses minute aan die woorde "goed, dankie", dan het die boodskapstuurder al 'n hele biografie vir my gestuur. Persoon was nog so 'n geval. Hy het getik asof hy aan die Olimpiese Spele deelneem in 1 000-woorde-tik. Ek het nog geantwoord op die vraag in die derde sin, dan het dié al die agtste gestuur. So word ek nou vir koffie genooi by 'n restaurant en ek aanvaar die uitnodiging.

Die koffiedag breek aan. Ek wroeg eers 'n halfuur oor wat aange-trek moet word en uiteindelik druk die tyd my sodat ek 'n keuse kan maak. Daar vertrek ek vir die koffiedrinkery. Ek sal lieg as ek sê ek was opgewonde, of nie lus nie. My emosies het 'n kalmeerpil ingehad (ek weet nie waar hulle dié kry nie). Ek het niks gevoel nie. Nie eers verwagtinge gehad en ook nie 'n groot genoeg lepel gehad om verwagtinge te skep nie.

Ek het opgedaag en my leesbril afgehaal, want 'n bril verdoesel die gesig. En gehoop my oë kan Persoon se vorm herken, want sien sukkel ek om te. Ek het dié gegroet met 'n druk. Ek het oorweeg om dié se hand te skud, maar myself betyds herinner ek is nie by 'n besigheids-vergadering nie en Persoon is nie die prokureur wat my skeisaak hanteer nie. Ek hoef nie sy hand te skud nie.

Ons het gesit en bestel en begin met ons generiese, voorspelbare gesprek om mekaar te leer ken (of eerder te verveel). Ek dink ek moes op 'n kol my oë oortuig om nie toe te gaan nie. Eenkeer het dit gevoel asof my oë toe is terwyl ek vir Persoon kyk. My ore het lankal opgegee. My mond met sy glimlag is al wat nog probeer het. Ek waardeer my mond; dit werk so hard in sulke swaar tye. Mens kan altyd staatmaak op die mond om jou uit 'n moeilike situasie te kry.

Niks het my voorberei op wat volgende gebeur het nie. Persoon se foon het gelui en dié antwoord toe: "Hello, baby." Net daar is ek weer wakker. My oë rek toe so groot ek moes hulle vra om rustiger te raak. Hy was skaamteloos, vol selfvertroue. Daar was nie 'n haar van verleentheid wat uit daai kop gegroei het nie.

Van wat ek kon aflei, het Persoon se "baby" hom gevra waarmee hy besig is. Dié jok toe voor my, beduie hy is by die winkels. Op daardie oomblik het ek besef ek is 'n mistress.

Persoon lui af en maak asof niks gebeur het nie. Hy hervat ons gesprek asof dit 'n liedjie is wat gepause is. Ek was verrinneweer. Ek was 'n mistress. Ek moes toe vinnig 'n verskoning uitdink oor hoekom ek die koffiedrinkery moes kortknip.

Ek verstaan vir die heel eerste keer hoekom die woord "stres" in mistress is. Dit is nie so larnie soos dit klink nie. Dit vat nogal spanning. 'n Mens is deel van 'n liegstorie. 'n Mens is nie die hoofkarakter nie, maar die byspeler. Ek het daai paar minute van mistress wees kortgeknip. Ek het genoeg stres in my lewe, baie dankie.

Dit laat my wonder oor die liefde. Het liefde dan leuen en leed geword, dat iemand 'n ander so nonchalant belieg en bedrieg? Dié oë het keer op keer gesien hoe liefde verbrokkel soos 'n dieetplan op sy derde dag. Iemand het al prontuit teenoor my erken dat 'n mens nie gemaak is om vir die res van jou lewe saam met een persoon te wees nie. 'n Ander het egter bygevoeg die gras lyk altyd groener aan die ander kant omdat daar baie mis is.

Die kuberruimte maak dinge nie makliker nie.

Die internet en dies meer het ons professionele leuenaars gemaak, veral noudat ons in 'n era is waar kuberkysery so groot is. Die dae van iemand by 'n gewilde kettingwinkel ontmoet is so te sê verby. Nou swipe almal regs op 'n app wanneer hulle van iemand hou.

So gemaak en so gelaat staan? Watse nonsens is dit? Al die apps en die fone met mooi beligting het ons 'n keuse gegee hoe om te lyk. Wanneer jy te wit is, filter jy jou goudgeel of tronkdragoranje. Wanneer jy te swart is, filter jy jou ligbruin, nes koffie met melk.

Ons het geword wie ons wil wees en nie wie ons is nie. Liegbekke uit die boonste rakke. Ek het ook 'n kuberkyser geword. Dit is maklik. Jy laai jou mooiste kiekies op. Jy tik 'n paar sinnetjies waar jy maak asof jy hierdie gemaklike persoon met geen drama is nie en van daar af raak jy gesellig – en dit alles terwyl jy in jou pajamas in die bed is.

So ontmoet ek 'n individu op een van die kitskys-apps. Die foto het aanvaarbaar gelyk en die skrywe heel aangenaam. Ons begin gesels en dié wil binne enkele sekondes foto's hê. Eers was ek bietjie verward, want daar ís mos foto's van my op. Dié wou foto's hê wat ten toon stel wat deur klere verdoesel word. 'n Naakkiekie.

Nou omdat kuberkysery die norm geraak het, het kuberliefdemakery ook kop uitgesteek – soos 'n veldbrand. 'n Gesprek het in die verlede begin met "hi, hoe gaan dit" en nou is dit "hi, wat het jy aan …wys my".

Ek snap toe dié se versoek. Ou Fotovraat het nie eers doekies omgedraai nie. Die versoek was al in die tweede sin. Binne 'n paar woorde was dit asof ons in 'n lang verhouding was en die nuwe liefde deur die tyd verdoof is. Daar was nie eers 'n paar romantiese woorde voor die versoek nie. Geen soentjie wat via die kuberruimte gestuur is nie. Geen virtuele daad van liefde wat die verhouding kon verdiep nie. Dit was ook nie 'n versoek om die foto's nie, maar 'n bevel. Asof dit verwag word. "Hi" was romanties genoeg; nou moet ek opdok.

Nou wat ek in my lewe van virtuele ontkleding geleer het, is as mens so 'n kiekie van jouself stuur, is dit amper soos 'n koerant wat drukkers toe gaan. Daar is op die ou einde honderde kopieë wat oral rondlê en jy weet nie waar nie. Met die oog hierop het ek my bemagtig met goeie fotostuur-etiket:

1. Hierdie reël is die belangrikste; al word die res vergeet, moet dié een onthou word. Jou gesig moet nooit op 'n foto van jou lyf sigbaar wees nie. Deel dit in twee, asof dit 'n lang konsert is. Stuur eers die lyf en dan die gesig. So kan jy later alles ontken as die ontvanger dit uit wraak oral rondstrooi soos mielies vir hoenders. Die klassieke staan-voor-die-spieël-foto met jou gesig daar asof dit 'n eregas is, is moeilikheid soek. Daai foto versprei vinniger as 'n koorsblaar by 'n skoolkamp.

2. Dit is van die uiterste belang om seker te maak dat die foto wat gestuur word, fraai en aanvaarbaar is. Die dae van neem en stuur is nie verby nie; dit het nooit bestaan nie. 'n Mens maak seker dat al die mooiste dele van jou lyf wat aan jou geskenk is, in proporsie deur die lens gedokumenteer word. Dit is sinloos om iets fraais te hê maar dit weg te steek.

3. Voor jy die stuurknoppie druk, maak minstens drie keer seker dat die foto na die regte ontvanger toe gaan. Daar is geen oortuigende verduidelikings wat jy vir jou tannie kan gee as sy per ongeluk 'n baie entoesiastiese foto van jou gekry het nie.

4. Maak seker dat die foto ten minste in die afgelope jaar geneem is. Om 'n foto te stuur wat vyf jaar gelede geneem is, is dieselfde as om 'n foto van 'n totale vreemdeling te stuur. Dit is nie net misleidend nie, maar ook wreed. Ons almal hunker na die beste weergawe van onsself, maar realiteit moet tog 'n rol speel, anders raak dit 'n sprokie.

5. Die agtergrond is belangrik. Maak seker dat die omgewing waarin die foto geneem is, aanvaarbaar is. Niks lyk mooi met 'n vuil ietsie wat in die agtergrond uitsteek nie.

Met al hierdie reëls in gedagte het ek toe nie vir Fotovraat 'n kiekie gestuur nie. My profiel is nie 'n liefdadigheidsorganisasie nie. Nie almal kan kry wat hulle wil hê nie; jy moet ten minste 'n bietjie meer moeite doen as "hi". Ek het amper hoë standaarde.

Hoe het ons so orig geraak? Wat het geword van die goeie ou dae toe naaktheid die eindbestemming was en nie die vertrekpunt nie? Alles het gewoonlik by soen begin.

Die kuskuns is ook nou vinnig besig om uit te sterf. Kom ons wees eerlik met mekaar: Dis g'n wonder nie, want dit is deesdae dadelik kooi toe. Mense kan nie meer lekker soen nie, want gewoonlik het jy net jou lippe gehad om iemand mee te beïndruk. Eers deur gesprek en daarna deur soen. Nou ondersteun die res van die lyf en die mond raak lui.

Soen is 'n liefdestaal en dit is ontsaglik belangrik om dit behoorlik te doen. Sonder enige hulp van ander liggaamsdele. Bêre daai ding.

Nou ek moet eers bieg. Toe ek grootgeword het, het ek nie baie gesoen en drukkies gegee nie. 'n Drukkie was aanvanklik vir my 'n vreemde ding. Ek het soveel vrae gehad. Waar kom 'n mens se hande? Bo of onder? Hoe hard moet jy druk as jy 'n vrou omhels? Hoe hard moet jy 'n man se rug moker as jy hom omhels? En mag mens 'n man druk? het ek toe gevra. Toe het ek nog omgegee oor wat mense dink en al daai nonsens.

Ek het eenkeer 'n outjie gedruk en hom 'n sogenaamde "man hug" gegee. Ek het sy rug geklap en dié het gedink dit is die vreemdste ding wat ek doen. Hy vra my toe hoekom ek hom slaan. Ek het my klappery gestaak en hom normaalweg omhels, en van daai dag af moer ek nie 'n man wanneer ek hom druk nie. Ek onthou op skool was daar 'n meisiekind wat ook van die drukaksie gehou het. Dié suster het letterlik die lewe uit jou gedruk. Sy het so hard gedruk dat haar buuste in haar ribbes gaan wegkruip het. Op 'n kol het ek gedink my gebeente kraak. Die meisiekind het beslis slangbloed in haar, want g'n mens kan so styf druk nie – ek het kompleet my lewe voor my oë sien verbyflits soos sy my longe platgedruk het. Ek kon nou nie vir haar sê sy moet ophou nie, want dit was 'n baie aggressiewe liefdesgebaar.

As omhelsing vir my 'n hoëgraadgebaar was, kan jy jou net indink hoe soen vir my was. Ek kon nooit soengroet bemeester nie. As iemand gemik het om my te soengroet, het ek my wang gedraai. Skuldgevoel het my oorval, want ek was bang hulle dink ek gril vir hulle. Dan probeer ek vergoed deur hulle op die wang te soen. 'n Kollega wou my piksoen om my geluk te wens met my verjaarsdag. Ek het my wang in plaas van my lippe vir haar gedraai en daarna het ek baie ongemaklik om verskoning gevra. Klaarblyklik is ek nou nie juis 'n bobaas-soengroeter of -piksoener nie. Ek blameer my death-by-chocolate-lippe hiervoor. Dis baie groot en ek voel dit het die potensiaal om iemand se hele gesig te bedek, nes 'n kussing.

Met my min soenoefening en al het ek ten minste die agterstand op die intiemesoenfront ingehaal. Nadat ek natuurlik oefening gekry het ná al die jare van ontbering. Ek wil my nou nie as professioneel voordoen nie, maar ek het die kuskuns bemeester. Ek kry nie veel klagtes nie.

Ek sal sê ek is 'n sewe-uit-tien-soener, maar daar is altyd plek vir verbetering. Ek vind egter die meeste mense haal net vier uit tien. Dit is vir my skrikwekkend, want soen is 'n baie belangrike komponent van die liefdestaal.

Ek voel daar moet iewers 'n ingrypingsaksie wees om mense op te lei om goed te vry. Die departement van onderwys moet tersiêre instansies forseer om soenstudie as 'n vak aan te bied. Dit kan in die toekoms huwelike red. Want die vet weet.

Daar is mense wat dink die raspersoen is genotvol. Dit begin met die lippe wat kontak maak. Daarna gaan die monde oop, met die lippe wat steeds raak. Die tonge is beskeie en bly in hul eienaars se monde. Daarna sit die een party sy/haar tande om die ander een se onderlip en begin dit met die tande rasper. En nie saggies nie.

Wie doen dit? Is jy van jou kop af? Wie het jou hierdie onding geleer? A nee a. Dit is die eerste teken dat die ander persoon 'n mishandelaar is. As iemand jou lip soos 'n blok kaas met sy/haar skerp tande rasper, dan moet die rooi ligte begin aangaan. Dit is hoe mens weet dat dié persoon leed in jou lewe gaan bring. Moenie dié tipe soengedrag verdra nie. Ek dink nie dit kan soen genoem word nie.

Dan is daar die swaardsoeners. Dit is mense wat hul tonge in die vorm van 'n swaard maak en dit dan in jou mond insteek asof dit 'n geveg is (hou op gril, almal soen). Die tong ontspan vir geen oomblik nie; dit bly swaardvormig in jou mond. Jou mond is soos 'n slagoffer wat aangehou word deur 'n ander se tong. Jy weet nie wat om te doen nie.

Stop dit! Dit is vreemd. Almal het tonge. Jy hoef nie jou stywe tong vir iemand anders te probeer skenk nie. As jy dit doen, verdien jy om per ongeluk jou tong te verloor.

Dan is daar diegene wat soen asof hulle vir jou mond-tot-mond-asemhaling gee. Die bek is wawyd oop en daar is geen tonginteraksie nie. Dit is net 'n uitruil van lug. Ek weet, miskien het die persoon gedink jy kry nie asem nie. Dit is asof hulle dit wat hulle by hul noodhulpkursus geleer het, op jou uittoets. Die voordeel van dié soeners is dat hulle jou lewe kan red. Die nadeel is dat dit nie noodwendig lekker is nie. Dit is uiters vervelig. Hoekom sal mens vir die lekkerte jou asem vir 'n ander aanstuur?

Ek dink 'n kus moet soos vas dans wees. Jy moet die ander persoon in ag neem. Julle moet mekaar eers uitvoel. Jul lippe moet 'n legkaart vorm – ongeag die verskillende groottes. Jul tonge moet wals, nie te veel nie en ook nie te min nie. Dit moet sensueel wees, passievol en mooi. Die soen moet jou skoon dronk maak, so lekker moet dit wees. As jy klaar gesoen het, moet jy onvas op jou voete wees. Dié tipe

soene is die boustene van liefde. Jy het dan nie dadelik van ander lig-
gaamsdele hulp nodig om te wys wat in jou steek nie.

Dit was nou die inleiding tot die bytjies-en-blommetjies-gesprek.
Ek sal die gesprek vir jul ouers los. Wink-wink.

Genoeg van die fisieke. Ek wil net 'n oomblik vat om oor die
emosionele deel van liefde te praat. Liefde is verantwoordelik vir die
grootste woedeuitbarstings wat ek al in my lewe gesien het. Jy dink
alkohol maak mense van hul kop af? Probeer liefde.

Ek onthou die een Sondagaand so goed. Ek het nog in 'n klein
woonstel in Lynnwood gebly. Dit was 'n regte hut. Die slaapkamer was
een draai van die badkamer af weg. Daar was so ses van dié hutte langs
mekaar.

Ek lê dié rustige aand op my rekenaar en skielik hoor ek 'n gekap-
pery en 'n man se stem wat siedend gil: "Maak oop!" Ek skrik my toe
bles want ek dink dis 'n rooftog, en soek onmiddellik wegkruipplek
in daardie woonstelletjie. Ek besluit toe om in die kas te klim. Terwyl
ek dit doen, hoor ek die man aanhou gil: "Maak oop die deur!" en
histeries kap. Hy skreeu toe 'n vrou se naam en ek raak rustiger, want
ek besef hy is nie by my deur nie. Ek het ál die ligte in die woonstel
afgesit en deur my venster gaan loer wat aan die gang is.

Ek sien toe dit is my buurvrou se kêrel wat sy humeur verloor
het. Hy het 'n baksteen in sy hand en hy kap histeries aan haar deur.
Toe gil hy: "Ek weet hy is daar binne! Maak oop die deur!" Buurvrou
was stout gewees. Sy het 'n ander man onthaal en die kêrel het nou
uitgevind.

Ek het nie kans gesien om uit te gaan en dié te kalmeer nie. 'n
Baksteenhou was nou nie deel van my Sondagplanne nie. Sou iets
gebeur, was ek slaggereed om die polisie te bel, maar 'n held, dié was
ek nie. Ek het gereken dit het niks met my uit te waai nie. Tot die
kêrel gegil het: "Ek sien sy kar! Ek gaan dit met 'n baksteen gooi!"
Toe skrik ek my van bles na blond, want daai was nie haar skelmpie
se kar nie. Dit was my werk se kar. Sien, toe ek 'n misdaadverslaggewer
by *Beeld* was, het ek elke tweede week met die misdaadkar gery, vir
as die boewe in die middel van die nag iemand gaan besoek en ek

daaroor moes berig. Dit was nog 'n rooi Figo. Die man het gemik vir die kar en toe gil buurvrou deur die venster dit is nie haar skelmpie se kar nie.

Die kêrel het haar nie geglo nie. Gelukkig het 'n ander buurman vir die kêrel kom keer; hy kón. Hy was 'n spiertier. Die buurman het die kêrel gekalmeer en vir hom gesê hy moet liewer gaan. Ek het nou ook uit my woonstel gekom en het veilig genoeg gevoel om deel van die kalmeerspan te wees. Die kêrel het skerp vir my gesê: "Ek wil nie met jou praat nie."

Sien, ek en buurvrou was baie goeie vriende en die kêrel het ook daaroor bedreig gevoel. Nes die skelmpie was ek ook skuldig. Ek het maar wegbeweeg.

Die kêrel het in sy rustige toestand gedreig om die skelmpie dood te maak. Hy het hom blykbaar deur die venster gesien.

Buurvrou het deur die venster vir die kêrel geskreeu om te gaan. Spiertier-buurman het hom oortuig om te gaan. Die kêrel het geloop ná hy besef het sy gaan nie oopmaak nie. Buurvrou het toe veilig genoeg gevoel om die deur oop te maak.

Sy het sowaar 'n skelmpie gehad. Die skelmpie het sowaar in haar kas weggekruip – ek belowe. Dié het ook uitgekom en hom toe so vinnig moontlik uit die voete gemaak.

Buurvrou het erken dat sy die skelmpie al 'n ruk lank sien, want sy en haar kêrel het probleme. Haar verhouding met die skelmpie het nie lank gehou nie, want hy het blykbaar 'n kind by 'n ander vrou gehad. Ek het dit alles geweet, want ek was die vertroueling.

Net hier het ek besef hoe mal die liefde mense maak. Die kêrel was reg om moord te pleeg, so kwaad was hy.

My ander vriendin se kêrel het ook al sy pitte verloor toe sy die vorige aand gaan kuier het. Die bed geskop en gegil asof sy gunsteling-span die rugbywedstryd verloor het.

Daarom moet jy maar emosioneel flippen stabiel wees as jy 'n ver-houding aanknoop. As jy weet jy sukkel bietjie met uitbarstings, vat 'n pil of 'n ding. Anders moet jy liefs verhoudings vermy. Mense is mense en soms is hulle wreed en onvoorspelbaar. Jy kan lief wees vir 'n persoon en getrou wees, maar jy kan nie beheer of hulle die dorp gaan rooi soen nie.

Vat liewers jou goed en trek, Ferreira, en probeer om nie moord te pleeg nie. Huil liewers en bou daarná 'n brug en kom daaroor. Die lewe is te kort om karre met bakstene te wil gooi en skelmpies te probeer aanrand.

Ek kan nooit verstaan hoekom mense die skelmpie aanval nie. Dié het tien teen een nie geweet hy/sy is 'n mistress nie. Nes ek. As jy die dorp wil gaan blou verf, verbreek liewers die verhouding. Daar is baie visse in die see en worse op die braai. Jy kies mos om saam met iemand te wees; niemand forseer jou nie. Dit is nie belasting nie.

Ek hou van liefde. Mal daaroor. Daarom is ek gekant teen verneukery en rondvryery. 'n Verhouding is nie 'n wynproe nie. Jy het klaar jou wyn geproe en gekoop. Nou drink dit dan. Vir wat raak jy dronk op ander se wyne? A nee a.

Ek sal altyd die liefde verdedig; dis dan al wat ons het wat nie gekoop of verkoop kan word nie. Wat ek wel met 'n passie haat, is 'n crush. Ek het dit in Afrikaans 'n "toef" gedoop.

'n Toef is nie heeltemal soos om verlief te wees nie. Verliefdheid kom uit die hart; 'n crush kom uit die kop. Jy hoef nie die persoon op wie jy 'n toef het, te ken nie. Jou kop kan allerhande goed invul oor die persoon om hom/haar die ideale een te maak.

Die ergste van 'n toef is dat jou kop jou so oorreed die ander persoon hou van jou, dat jy skoon oortuig is. In jou kop maak jy trouplanne, maar al wat daardie persoon gesê het is "hallo". Jy het natuurlik daai "hallo" soos 'n gedig gaan ontleed. Die stemtoon waarmee dit gesê is. Die tempo daarvan. Die mate van entoesiasme waarmee dit gesê is. Die ding wat jou oortuig dat jou toef dalk belangstel, is die feit dat sy of hy geglimlag het. Nooit kom dit by jou op dat die persoon net vriendelik met jou was nie. Dit kan so eenvoudig soos dit wees.

Weke lank maak jy jouself stapelgek oor die een "hallo". Daarna posisioneer jy jouself sodat jy heeltyd in die persoon se teenwoordigheid kan wees. Of jy nooi hom/haar op sosiale media, of jy begin betrokke raak by die aktiwiteit waarvan hy/sy hou. Elke keer as jy die persoon raakloop, probeer jy jou bes om koel en kalm te bly, maar jou hart wil net uit jou borskas ontsnap. Wanneer die gesprek met jou mooie toef – wat jy besluit het kry die toekenning vir die mooiste mens in die wêreld – verby is, begin jy dit dadelik analiseer.

Dinge raak ernstig vir jou wanneer jy jou vriende begin vra wat die betrokke gesprek beteken. Nou vriende is mos vriende om 'n rede; hulle sal aan die begin vir jou sê wat jy wil hoor. Vriend: "As sy nie van jou gehou het nie, sou sy nie X gesê het nie." Ná die gesprek met jou vriende het jy hoop. Want hulle het dinge aangehits, soos 'n vuur 'n veldbrand veroorsaak. Jy praat oor jou toef met almal wat jy sien. Jou toef word die voorbladstorie van jou lewe. As dit nie oor hom/haar gaan nie, is dit nie belangrik nie.

Dan kom daar 'n fase van diep depressie, omdat jy jou toef dae laas gesien het. Die lewe voel asof dit gaan eindig, en liefde bestaan volgens jou nie meer nie. Dan raak dinge erger. Jy sien jou toef met 'n ander persoon en hoewel jy nie weet wat die verhouding tussen hulle is nie, voel jy verraai. Jy is kwaad vir jou toef en besluit sommer om hom/haar van sosiale media te verwyder. Terwyl jy deur hierdie tuimeltrein van emosies gaan, is jou toef salig onbewus van jou emosionele toestand. Dié is nie eers bewus van jou aangetrokkenheid nie.

Ná 'n paar uur oorval die verlange jou. Jy besef noudat jy jou toef nie meer op sosiale media het nie, kan jy nie sien wat hy/sy doen nie. Dit was dan die hoogtepunt van jou sosialemedialewe. As jy sien jou toef publiseer iets nuuts, het jy dadelik gaan kyk. Jy het egter nie van al sy/haar foto's gehou nie. Jy het jouself gedissiplineer om spaarsamig aan te dui dat jy van die foto hou – in werklikheid het jy so baie van jou toef se foto's gehou, jy wou dit sommer uitdruk en oral in jou huis ophang. Jy het ook besef dat as jy jou toef verwyder het, hy/sy nie van jou goed kan hou nie. Jy lewe vir daai een "like" van hom/haar. En jy publiseer foto's sodat hy/sy dit kan sien en daarvan kan hou. Dan nooi jy weer jou toef op sosiale media en maak asof jy nie weet hoe jou toef in die eerste plek verwyder is nie.

Hoewel jy dit nie wil erken nie, het jy 'n obsessie ontwikkel oor jou toef. Jy troos jouself dat die obsessie ten minste gesond is, want net jy is daarvan bewus. Jy sal nou nie jou toef ontvoer en teen sy/haar wil met hom/haar wil trou nie. Jy is nog nie só die kluts kwyt nie, hoewel die gedagte in jou kop gedwaal het.

Dan sink die realiteit in. Iets wat jou vriende jou nie wou sê nie. Jou toef het nog heeltyd 'n stukkie gehad. Jy voel asof jou hele lewe 'n leuen was. Jy besef die "hallo" wat jy so geanaliseer het dit kon 'n skripsie wees, was slegs 'n doodgewone "hallo". Die verleentheid gryp jou aan die keel, want weke lank het jy vir almal van jou toef vertel, maar hulle het seker weke lank geweet jou toef se hart behoort aan iemand anders.

Die aanvaardingsproses begin, want jy besef jy kan niks aan die situasie doen nie. As iemand nie van jou hou nie, is dit nou maar so. Dit gebeur tog so gereeld dat iemand wat nie dieselfde voel nie, jou aandag trek. Daarom haat ek 'n toef, of eerder 'n crush, want dit is die verbeelding wat sy eie storielyn skryf.

Kom ons wees eerlik. Jy weet of iemand van jou hou. As jy nie seker is nie, het jy 'n gevoel. As 'n persoon oor jou voel soos jy oor hom/haar voel, sal jy dit weet. Met 'n crush is jy net 'n aanhanger. In sommige gevalle is dit 'n romantiese verhaal. In die meeste gevalle word jy lelik deur jou kop gekul oor een "hallo". Dit is die waarheid van 'n crush.

Terwyl ons op die liefdestrein is, kom ons praat oor oop verhoudings. Ek het nog altyd gewonder hieroor. Wat presies is die definisie hiervan? Ek het bietjie ondersoek ingestel en met van my vriende gepraat wat hierdie vreemde vrug al beproef het. Wat ek wel weet, is dat dit blykbaar nie verneuk is nie. Party het getuig dat dit hul verhouding, wat in die winter vasgevang was, gered het. Ja, blykbaar help die dwalende oog en die jeukende hand om 'n verhouding of huwelik te red.

'n Romantiese verhouding het ook seisoene. Dit lê eintlik voor die hand, maar ek spel dit maar uit. Die somer is wanneer die son skyn en die reën val om jul liefdesgras groen te maak. In hierdie liefdeseisoen doen albei partye nog baie moeite. Die dames gee nog voor hulle laat nie winde of gebruik die badkamer nie. Wanneer hulle moet nommer twee, gaan hulle eerder gou winkelsentrum toe om dit daar te doen, en jok dan dat hulle melk gaan koop het. Die ouens is nog innoverend met hul romantiese lewe. Baie dinkwerk word nog daarin gesit. Hulle probeer hul vorige liefdesdaad oortref.

Liefde in sy somer is vol soene en opwinding, amper soos 'n affair. Genoeg kan die twee nie kry nie. Hulle is mekaar se dwelms, heeltyd hoog. In hierdie seisoen word vriende nie eers prioriteit nie. Hulle bestaan bloot nie meer nie, want jy het mos nou jou passende legkaartstukkie gekry met wie jy kan fliek en lepellê. Die liefde is vuurwarm en wild.

Dan breek die herfs aan. Hier raak die paartjie gewoond aan mekaar. Daar is nog opwinding, maar dit is nie meer so skerp nie. Meisietjie ry nie meer winkel toe om haar besigheid te doen nie. Dit is te veel moeite; haar kêrel moet teen dié tyd gewoond wees aan haar reuke. Sy is so gemaklik met hom dat sy skoon oopdeur haar ding doen en 'n gesprek met hom voer. Outjie se romantiese edge is ook daarmee heen; hy doen net moeite met die belangrike dae, soos Valentynsdag. Verder moet sy nooi maar gelukkig wees met sy geselskap. Outjie wil nie meer elke Vrydagaand net met sy meisie fliek kyk nie; hy wil met sy pelle kuier. Meisie laat hom nie toe nie, want sy het omtrent al haar vriende afgeskryf vir hom. In hierdie seisoen sit hulle vas, maar dit word opgelos met 'n soen.

Dan kom die winter. Hierdie seisoen bring stilstuipe, leuens, jaloesie, irritasie, haat en amper verbrokkeling. Die vlam is amptelik uit en dit is koud. Wat voorheen oulik was, is nou onmenslik irriterend. Hulle baklei meer, oor enigiets. 'n Soen is nie genoeg om dit op te los nie. Dae lank is daar stilstuipe. Komplimente het verdwyn, want al twee het so gemaklik in die verhouding geraak dat hulle bietjie stewig geword het.

Wanneer outjie met 'n ander meisie praat, vererg nooi haar. Sy wil dan antwoorde hê. Hier speel vriende 'n groot rol. Die eens verliefdes praat minder *met* mekaar en meer *oor* mekaar met vriende. As sy vir hom oor iets kwaad is, bel sy eers haar vriende. As hy vir haar kwaad is, gaan drink hy 'n bier saam met sy pelle. Hy drink een te veel en voor hy hom kom kry, soen hy 'n ander meisie wat vir hom seine gestuur het. Mans swig mos maklik. Sy nooi vind op 'n manier uit van die soen en die verhouding bereik breekpunt. Hy is vol berou, want hy het gemaklik met haar geraak. Dit is waar verhoudings hul breekpunt bereik.

Sou die verhouding die winter oorleef, kom die lente. Die twee kan óf nader en sterker as tevore wees, óf 'n ander oplossing gekry het, onder meer 'n oop verhouding. Veral as dinge in die kooi baie winters is.

Daar is blykbaar baie reëls oor oop verhoudings, want die twee is nog lief vir mekaar en die derde of vierde party mag nie deel vorm van hul liefde nie. Dié partye is slegs gaste in die verhouding – hulle kom en gaan. Hier volg van die oopverhoudingwette:

Wanneer 'n derde party genader word, moet jou wederhelfte van die persoon weet en die persoon mag slegs saam met jou en jou geliefde kafoefel. Indien dit in die geheim gedoen word, word dit as verneukery beskou en sal daar nagevolge wees. Daar mag geen emosionele interaksie wees nie. Die derde party is slegs daar vir die fisieke en moet daarna padgee en nooit weer gekontak word nie. Een keer is die reël. Meer as een keer se ontmoetery kan daartoe lei dat 'n band gevorm word wat wrywing in die verhouding kan veroorsaak.

OF:

Elke party mag afsonderlik 'n los gelukkie kry en hul eie kooigenote hê. Hulle moet mekaar egter daarvan vertel en mag nie gereeld met die gas omgang hê nie. Meer as een keer is wel aanvaarbaar. 'n Emosionele verhouding met die gas word weereens verbied. Dit mag slegs oor die fisieke gaan.

OF:

Daar is geen reëls nie. Solank jy saans huis toe kom, kan jy maak wat jy wil met wie jy wil. Jy moet te alle tye veilig wees, maar hoef nie jou dade met jou eggenoot/kêrel/nooi te deel nie. Wat onder die belt gebeur, is jóú besigheid en dié van die trop mense onder wie jy jou liefde versprei.

Ek is seker naïef, maar niks hiervan klink vir my baie volhoubaar nie. Dit klink eerder of dit 'n strawwer winter met sneeu gaan veroorsaak. Sê nou maar jou stukkie raak verlief op een van sy/haar los gelukkies. Mens kan nie jou gevoelens beheer nie. Sê nou maar hy/sy doen die een of ander siekte op, maak iemand swanger of word swanger.

Is dit nie beter om liefs enkellopend te bly en al dié goed te doen nie? Ek self sal dit nie kan doen nie. Ek is te jaloers. As my wederhelfte vol selfvertroue vir my gaan vertel wat hy met wie ook al gedoen het, gaan ek mos moord wil pleeg.

Die liefde is seker 'n komplekse saak, en as dié leefwyse vir sekeres uitwerk, wie is ek om te oordeel? Ek sê altyd as iemand die begeerte het om my te verneuk, kan hy dit gerus doen. Maar voor hy dit doen, moet hy eers die verhouding met my beëindig. Niemand dwing jou om in 'n verhouding te wees nie.

Genoeg gepreek. Hopelik, tussen al die verneukery, kuberkysery, swak soenery en oop verhoudings deur triomfeer die liefde. Sonder liefde is daar net lus, en na dít geblus is, is daar niks. Dit is nie 'n goeie vooruitsig nie.

Die tong se dans in Afrikaans

Ek het vier probleme met Afrikaans:
1. Daar is te min kragwoorde.
2. 'n Mens kan nie gemaklik skinder nie.
3. Die musiek is so kommin, dis lekker.
4. Dit is te ordentlik vir die kooi.

DAAR IS TE MIN KRAGWOORDE

Vloektaal is die een taal wat almal kan praat. Van jonk tot oud, van groen tot grys. Vet tot maer, mooi tot spesiaal. Dit is een ding wat almal gemeen het – vuiltaal.

Niemand strewe daarna om so te vloek dat jy matroosstatus bereik nie. Dit gebeur net. En as jy jou kom kry, het jy 'n vuilbek. Mens kry nie net 'n vuilbek van gatkruip nie.

Ek onthou die dae toe my taal so skoon was soos my kar toe ek dit pas gekoop het – blinktaal. Sou ek my vererg, het ek die soete ou "flip man" of "flippen hel" uit my woederak gaan pluk om my ongelukkigheid ten toon te stel. Ek het later gevorder na "bleddie", tot ek gehoor het dit is werklik 'n kragwoord. Daarna het ek met 'n hark deur my taaltuin beweeg om die onkruid te verwyder.

As ek kwaad was vir iemand het ek gegil "hou jou bek". "Bek" was 'n aggressiewe standaardgraad-vloekwoordjie en almal het toegang daartoe. "Shurrup" het ook gewerk, al kom dit van die Engelse af, maar dit klink stomper en lomper. "Shut up" is gestroop van die "r"-klank wat die vlak van woede beklemtoon. Natuurlik kan ek nie die gewilde en effektiewe "voertsek" vergeet nie; dit het aanvanklik nie aan Afrikaans behoort nie, maar het later 'n draai by al die tale gaan maak, soos 'n kind met geskeide ouers.

Dié skame versameling was wat ek kragwoorde gedoop het. Die werklike vloekwoorde het my tong nie aangeraak nie, anders proe dit peper.

Die eerste keer dat ek gevloek het was op laerskool, in graad 3 of 4, en dit was §nogal in Engels. Ek was nog in die Laerskool Nobel in Johannesburg. Net ek is tot vandag toe bewus van my vloek-maagdelikheid wat toe geskend is. Niemand anders het dit gehoor nie; wel, amper. Ons was 'n lastige klas, het lawaai, teruggepraat. Ons was uitblinkers wat ongehoorsaamheid betref. Ons een onderwyseres het op ons geskreeu dat ons moet stilbly. Tussen al die lawaai het ek geskreeu: "Bitch!" (teef, wyfiehond). Sy vra my toe wat ek gesê het, waarop ek "bintch" geantwoord het. Sy het haar kop geskud en die res van die klas stilgemaak.

Ek hou deesdae daarvan as iemand my "teef" noem as 'n troetelnaam, maar dié is blykbaar 'n walglike woord om 'n vrou te noem. Ek kan nie onthou waar ek daai woord gehoor het dat ek dit so luidrugtig herhaal het asof ek 'n solis in die koor was nie. Ek het wel geweet dit is verkeerd; daarom het ek vinnig "bintch" gesê. Ek blameer die televisie.

Verder het ek nie gevloek nie. Ek het eers my tersiêre opleiding in vloek op universiteit gekry. Aanvanklik het ek nog my ou versameling gebruik, maar nie veel nie. Wanneer jy op universiteit vir iemand sê hy moet sy bek hou, slaan hy dalk joune toe. Ek het dus nie rondgeloop en vir almal gegil hulle moet "shurrup" en "voertsek" of hulle "bleddie dingese" genoem nie – 'n toe bek is 'n heel bek, sê ons mos in Afrikaans.

Hier het ek geleer dat mense wel kragwoorde met meer gemak gebruik. Op skool het onderwysers hul bes gedoen om ons van intensiewe vorme te leer. As dit warm was, het ons gesê dit is "vuurwarm" en as dit koud was, was dit "yskoud". Ek onthou nog ons het toetse daaroor geskryf. Op universiteit het dit sommer "f@kk*n warm" en "moerkoud" geword. Al daai ure se leer vir 'n Afrikaanse toets was alles tevergeefs. Nes wiskunde het ek nooit weer daai intensiewe vorme gebruik nie.

Ek was vir 'n baie kort rukkie skaam om 'n kragwoord te gebruik, maar daarna, toe loop dit soos stroop. Dit was "effen" dit en "effen" daai.

Ek weet daar is 'n miljoen keer al gepraat en geskryf oor hoe lekker dit is om in Afrikaans te vloek. Ek moet dit vandag beaam. Daar is min tale waar die vloekwoord by die emosie pas. Afrikaans kry dit goed reg. As iemand vir jou sê "loop" en jy verstaan nie en hy gebruik "ef of", dan weet jy jy moet soos 'n verspring- of hoogspringatleet maak, anders is daar pêre.

As jy niemand glo nie en jy sê: "Nonsens, man!", dan vat mense jou nie ernstig op nie. As jy egter sê: "K@k, man!", dan weet hulle jy is ernstig.

Nou wanneer iemand jou die dag só omkrap dat jy sooibrand het, is daar 'n spesiale woordjie wat gebruik word. Dit staan bekend as "die p-bom", of "kat" in Nederlands. Ek is self 'n groot aanhanger van dié juweel van 'n woord. Dit is die hoogtepunt van Afrikaanse kragwoorde. As die p-bom petrol was, sou dit nie 93 nie, maar 95 of selfs diesel gewees het. Die p-bom rym met "roes", "kroes" en "woefkardoes".

Die probleem is egter dat die woord te vinnig deur verbruikers bereik kan word. Daar kort nog stappe ná "f*k". Woorde soos "vabond" tel nie. As iemand my dit noem, gaan ek eerder lag as ontsteld wees. Daar moet meer kragwoorde soos die f-woord, moer, bliksem, donder en die p-bom wees. Dit is kragwoorde met murg in hul pype.

Kragwoorde is belangrik, want dit bring verligting. Wanneer mens die woord sê, gee jy uiting aan jou frustrasie. Dit is dan nie nodig om oor te gaan tot fisieke geweld nie, want jy het klaar jou mening gelug. Wat ek probeer sê, is: Vloekwoorde kan fisieke geweld verminder. As 'n persoon of ding iets toegesnou word, word die punt oorgedra. Die ideaal is natuurlik om nie ontsteld te raak en te baklei nie, maar vlees en bloed sal altyd kwaad raak. Ek soek maar net oplossings.

Soveel Afrikaanse woorde het die potensiaal gehad om vloekwoorde te wees, maar is op ander betekenisse vermors. "Kok" was 'n lekker kandidaat: "Jou kok!" Dit kon iets lekker walglik gewees het. "Kind" toon ook tekens van gekruide taal: "Ag kind, daar mors ek." "Sag" kon 'n harde vloekwoord gewees het: "Jy is sag!" "Wortel" klink aggressief: "Ek gaan jou lelik wortel." Daar is 'n lang lys van woorde wat eerder die kragwoordfamilie kon uitgebrei het en ongelukkig alledaagse betekenisse gegee is. Een laaste voorbeeld is "is". Kan jy jou indink hoe jy moet voel as iemand jou 'n "is" noem? Dit klink asof dit iets viesliks kan wees: "Jou vet is!" Ek dink ek sou huil, want dit klink nogal na 'n rassistiese woord ook: "Tipiese isse!"

Ek is jammer dat Afrikaans met sy klankryke alfabet so min kragwoorde in die spens het. Ek hoop dit verander mettertyd. Afrikaans het dan so baie. Hoekom bied dit so min op dié front? Dit moet vinnig verander.

'N MENS KAN NIE GEMAKLIK SKINDER NIE

Ek is baie lief vir die taal, ek is regtig, maar mens sukkel so om te skinder in Afrikaans. Die rede hiervoor is dat almal 'n bietjie Afrikaans verstaan. Spaar jouself die verleentheid. Afrikaans het 'n geskiedenis in die land en daarom loop sy reputasie hom vooruit. Ek het besluit Afrikaans is 'n man. 'n Tradisionele man. Engels is 'n liberale vrou. Sotho is 'n vriendelike maar onderdanige vrou en Zulu is 'n growwe, harde man.

Nou, soos in elke taal, is daar woorde en sinne wat verklap dat jy skinder. "Het jy gehoor?" is 'n verklapper. Diep asemhaal van opgewondenheid is ook 'n verraaier. "Haai, weet jy dat Suna swanger is?" Daarbenewens is die taal self 'n fluitblaser. Wanneer ek oor 'n Afrikaner praat, slaan ek oor na Zulu. Wanneer ek oor 'n Engelse persoon praat, kan ek in Afrikaans begin en dan na Zulu oorslaan. Wanneer ek oor 'n Zulu of Sotho praat, moet ek my ander skindertegnieke inspan, want hulle verstaan.

My eerste tegniek is om nie na die persoon van wie ek skinder te verwys nie, maar eerder van 'n voorwerp in die kamer te praat. Sê nou maar iemand voor my het onvleiende klere aan. Ek sal vir my medeskinderbek met die oë wys van wie ek praat, en dan 'n voorwerp soek: "Het jy gesien watse kleur is die muur?" So sal die skindersessie vlam vat.

Ek wil net sê skinder is 'n lelike ding, maar tog sondig ons almal.

My tweede tegniek is om die situasie waarin ek nou is met 'n fiktiewe een te vervang. Sê nou maar ek en 'n medeskinderbek eet by jou en jou kos laat veel te wense oor (dit is slegs 'n voorbeeld; wanneer iemand vir my kook, is ek net te dankbaar, want ek haat dit om vir myself kos te maak). Ek kan mos nie vir jou in jou gesig sê die kos is sleg nie en ek sal ook nie hier by jou begin fluister nie. Ek sal eerder vir my medeskinderbek vra: "Het Suna ook vir jou van daai suur brood gegee?" Suna sal nou jy wees en die suur brood sal jou slegte brood wees.

Mens moet nou al dié moeite doen om in Afrikaans te skinder. Anders word jy gemoker wanneer iemand agterkom jy praat sleg van hul pasta, en nogal vóór hulle.

Ek en my vriendin het gesit en koffie drink. Mense het toe by die tafel langs ons kom sit. Hulle was die geselligheid self. Hulle het in Engels gelag, gehuil, geskreeu en gevloek. Soos hulle tekere gegaan het, sou mens dink hulle het die hele restaurant na hul kuier genooi. Ons kon natuurlik nie onsself hoor praat nie; dit het kompleet gevoel asof ons oor die musiek in 'n klub probeer praat. Nou wanneer mense so hard praat, gaan kuier jou ore by hul gesprek en jou mond probeer jou eie geselskap red en dit is 'n moeilike besigheid. Jy raak stom in die middel van jou sin wanneer hul geselskap 'n klimaks bereik. Jy vergeet waarheen jou storie op pad was. Dan lyk dit skoon asof jou eie geselskap jou verveel.

Ek het toe breekpunt bereik. Net daar sê ek vir my vriendin: "Ek wens ons tafelbure kan sagter praat." En daar was stilte. Ons bure het ons gehoor. Die stilte was nie daar omdat ek dit versoek het nie. Die stilte was daar omdat hulle besig was om die vermetelheid dat ek in Afrikaans van hulle kan praat, te verwerk. Na daai kort stilte – wat genotvol dog spannend was – het die tonge begin klap. Die een het vir haar vriendin gesê: "Ons sal so hard praat soos ons wil. Vryheid van spraak." Hoewel sy dit nie direk vir my gesê het nie, het ek die skimp gesnap. Daar en dan het ek besef Afrikaans is 'n joiner. Die rede hoekom ek dit in Afrikaans gesê het, is omdat ek nie gedink het ons tafelbure gaan my verstaan nie. Ek was duidelik verkeerd. Ons moes elders gaan kuier het, want die lawaai het toegeneem as deel van 'n protesaksie. Hulle wou my met my Afrikaanse bek 'n les leer, en hulle het.

Dieselfde het al met my gebeur, waar ek vlugtig in Afrikaans be-spreek word en dan draai ek om en gee die geselskap 'n kykie. Daarna weet hulle die donker vel moet hulle nie fop nie; ek hoor elke byvoeg-like en selfstandige naamwoord. Elke werkwoord, bywoord en lid-woord. Ek verstaan elke lettergreep en hoor elke klankgreep, diftong en vokaal.

Afrikaners, wees gewaarsku: Julle is allesbehalwe veilig wanneer julle skinder. Gaan soek skuiling asof dit reën wanneer jy 'n ander wil bespreek.

Ek voel dat die taal 'n skinderdialek wat slegs gevorderde Afrikaanssprekers kan verstaan, dringend nodig het. So kan mens tussen Afrikaanssprekendes oor hulle praat sonder dat hulle weet wat aangaan. Met al die dialekte in die taal, sal nog een nie skade doen nie. Dit moet vinnig gebeur, voor iemand se neus gebreek word.

DIE MUSIEK IS SO KOMMIN, DIS LEKKER

Afrikaans het dit al baie gehoor en wat ek nou gaan sê, is niks nuuts nie: Die musiek is lekker, maar kommin. Dit is nie my opinie as 'n musieksnob nie, maar as iemand wat myself al hoe meer op die toktokkie-sokkie-bokkie-musiek kry dans. Ek weet nie hoekom nie, maar ek skud my beskuit.

Ek dink "kommin" moet 'n kategorie wees in Afrikaanse musiek. Kommin hoef nie noodwendig iets negatiefs te beteken nie; die rokrokkie-toktokkie-musiek kan so genoem word. Jy weet, daai diep sokkietreffers. Selfs al kan jy, soos ek, nie sokkie nie, swaai jy jou stywe heupe asof jy daarvoor betaal word.

Wat my kwaad maak van kommin musiek is dat dit sommige dansers op die dansvloer selfsugtig gemaak het. As daai liedjie loop, belemmer dié dansers al die ander se pogings om "af af af" te gaan en weer "op op op" te kom.

Veral die manne wat lief is om te sokkie. Hulle dink hulle is Aspoestertjie se prins en beskik oor onnodig baie energie. Daai klonge kan liedjie na liedjie, ongeag die ritme, langarm en al die ander dansers uit die pad stamp.

Ek het op Potchefstroom geswot en dus geleer hoe om die gevare op die dansvloer te identifiseer. Boetie het gewoonlik 'n knap hempie aan. Dit kan geknoop, gehelp-my-sterk-lyk of gekrimp wees, maar Boetie het hom aan. Die broek is altyd een van twee: óf een van daai knaterbroekies wat gewoonlik baie kort is en net die nodige toedruk, óf 'n denim. Die knaterbroekies is óf denim óf kakie, geen ander kleur nie. Die denim is daai soort wat tien jaar terug in die mode was en al deur dik en dun is, maar Boetie hou daarvan, want dit beklemtoon sy stewige agterstewe wat soos twee lemoene lyk, maar so hard soos appels is.

Boetie stap breëbors en wydsbeen in die kuierplek in. Met sy arms effe uit asof hy twee kanne melk in elke hand dra. Iewers doen 'n memo die rondte dat om wydsbeen te loop, 'n teken van selfvertroue is. Die jong laaities in Potch like dit.

Aan boetie se sy is hierdie tingerige meisietjie wat óf sy nooi is, óf hy beplan om haar dit te maak. Sy klou aan haar bul se hand, trots omdat hy 'n stoere boer is. Jy kry twee tipes Afrikaanse sokkiemeisies: die preutses wat heel beskeie aangetrek is met vaal gesiggies, maar die hart bedoel altyd goed. En daar is dié wat weet hulle is 'n trofee. Die hare is wild los. Die gesig is nie gegrimeer nie – die grimering *is* die gesig. Hulle het kort rokkies met kortbroekies daaronder aan, want hulle weet hul ou bulletjie met sy kakie of denim gaan hulle vanaand laat draai.

Dan kom die kommin treffer op. Pappa, maak skoon die dans-vloer, want dié wat in Boetie en sy nooi se pad is, slaap vanaand in die hospitaal. Hy gryp haar om haar lyfie en hy begin met haar dans asof hy die dag nie sy Ritalin gedrink het nie. Meisietjie is al gesout in byhou. Hy kan haar draai soos 'n tol, daai suster se hare sal nie skeef staan nie – so asof sy sokkiehaarsproei gebruik het.

Jy kry verskillende soorte sokkiedansers. Eerstens, die wipplank-ers: Dit is wanneer Boeta hom en sy dansgenoot se hande op en af wip terwyl hy dans asof hy op die ysskaatsbaan is. As die hand jou kop soos 'n hamer tref, is dit jou saak. Daar is die swaarders: Die arm word penreguit gehou en word beweeg asof dit 'n swaard is. Hulle moker vir jou. Dan is daar die tuimeldroërs. Hulle hou van allerhande truuks op die dansvloer. Daar is ses-en-dertig draaie op die woord "bokkie" alleen. Soos 'n warrelwind is dit ook lewensgevaarlik as jy daarin vasloop.

Die musiek is natuurlik die brandstof en hulle sokkie die hardste op die Afrikaanse treffers.

Daar was by verskeie geleenthede ingrypingsaksies om my die sokkiekuns te probeer leer, maar ek kon nog nooit slaag nie. Die voete van die persoon wat my probeer leer het, is nie ongedeerd gelaat nie. Ek besef nou hoekom my lesse altyd onsuksesvol was. Ek het nog altyd doelbewus teen die "toktokkie"-musiek geprotesteer. Gedink ek is beter en dieper as dit. Ek was mos nog altyd 'n Karen Zoid-fên. Sy bok-bokkie nie.

Ek onthou nog die eerste keer toe ek haar in lewende lywe gesien het. Ek was op hoërskool en ons skool se dramagroep het haar by die Barnyard-teater gaan kyk. Ek het van "Afrikaners is plesierig" geweet, maar ek het nie besef hóé plesierig hulle is nie. Nou daai tannie het my daai aand op ál haar musiek verlief gemaak. Ek wou daarna 'n Zoid-CD hê en nou het ek vier op my rekenaar. Ek hou nie van Afrikaanse alternatiewe en rockmusiek nie, maar van Zoid s'n kry ek nooit genoeg nie.

Ek het my dus altyd so diep gehou omdat ek nie na die sokkietref-fers luister nie. Ek het daarop neergesien en wou dit nie eers 'n kans gee nie. As dit geklink het of dit op die radio gaan opkom, het ek die stasie dadelik verander. Ek het lank geweier om daarna te luister. Oor my dowe ore sou ek my daaraan blootstel. Toe besluit ek om dit 'n kans te gee, en daar verstaan ek hoekom hierdie boetas in hul 1999-jeans so hard op hierdie liedjies dans, want dis lekker. Ander redes kan wees dat die meeste wit mense nie met ritme los kan dans nie, maar ek sal nie weet nie. Almal wat ek ken, het redelik ritme.

Elk geval, ek haat Afrikaanse kommin musiek, net omdat ek dit soms so geniet, Ska-Rumba.

DIT IS TE ORDENTLIK VIR DIE KOOI

Geselsies is deesdae deel van kooigesprekke. Dit is nie meer aanvaarbaar om die kooiverrigtinge tjoeftjaf af te handel nie. Daar moet 'n bietjie gepraat word om die kar eers op te warm. Daarom, wanneer skandale blootgelê word, is daar altyd warm selfoongesprekke wat uitkom.

Ek moet eerlik wees: Ek dink nie veel van Engels nie. Dit is vir my 'n brugtaal. Dit help mense van verskillende taalgroepe om mekaar te verstaan. Die taal het nie vir my karakter nie. Dit is voorspelbaar en eenvoudig en net daar. Miskien is ek nie die taal goed genoeg magtig nie, maar selfs sy mooiste woorde klink maar tussen die vloer en die politoer. Ek moet wel een ding aan Engels toegee: Dit is een van die drie tale vir bedgesprekke. Dit het genoeg vuilheid en is tot my verbasing sensueel genoeg om 'n suksesvolle kooigesprek af te handel.

Ek dink Frans is vir seker die top-stoutepraatjietaal. Ek kan nie 'n woord verstaan nie, maar dit klink vir my asof die mense konstant in dié taal flankeer en vroetel.

Afrikaans, aan die ander kant, is nie eers in die toptien nie. Nee. Die taal is net te ordentlik vir vuilpraatjies. Dit is wel 'n bobaastaal vir grappe vertel. Jy kan 'n heerlike grappie in Afrikaans vertel en sommer lekker lag ook, maar stoute goed sê het net nie die gewenste effek nie. Dit klink soos die begin van 'n grap of 'n handleiding, byvoorbeeld:

Stiaan het pas uit die stort geklim. Die druppels sit nog soos diamant-korrels op sy pikswart hare wat golwe maak soos die see. Hy streel die growwe handdoek oor sy hare om die laaste blink te verwyder. Daarna seil die handdoek oor sy goudbruin lyf wat nog die son se strale dra. Hy vryf sy klam bors wat nog kwyl van die stort se soen. Sy handdoek beweeg hard en stadig oor elke spierhobbel om elke drup-pel van sy maag af te kry.

Stiaan is nou droog, sy lyf weer vars nadat dit hard by die gimna-sium gewerk het. Hy haal dan 'n bokserbroekie uit sy kas en trek dit soos 'n handskoen oor sy naakte lyf. Die broekie hou hom styf om die middel vas en hang verder los. Dit is kort genoeg vir 'n voorsmakie, maar lank genoeg om die gedagtes op hol te kry. Hy gaan lê met sy halfnaakte lyf op die bed. Sy matras ontvang en hou hom so vas dat Stiaan daarin wegsink. Hy kry sy selfoon en soek Sylvia se nommer.

Sylvia lê juis in die bed. Haar donkergoue lokke drapeer haar kop en raak aan haar nagrokkie. Dié rokkie is satynsag en effe deur-skynend. Haar lyfie is jonk, vars en vol lewe. Haar buuste staan soos 'n berg, al lê sy, en haar maag is plat, nie van gravitasie nie, maar van sensuele en sagte spiere.

Sylvia terg haar mond met haar vingers terwyl sy wag. Haar regter-been is effe opgelig en weerkaats haar gloeilamp se warmte. Haar ander been lê plat. Daar is 'n briesie wat deur die venster kom en haar knap rokkie effens lig. Genoeg vir 'n voorsmakie, maar los ietsie vir die verbeelding. Sy het haar selfoon in die hand. Sy kry 'n boodskap van Stiaan:

Stiaan: Haai, wat maak jy?
Sylvia: Ek lê in die bed, en jy?
Stiaan: Ek lê ook in die bed. Wat het jy aan?
Sylvia: My nagrokkie, en jy?
Stiaan: Ek het my bokserbroekie aan, ek het nou net gestort. Ek wens ek was by jou.
Sylvia: Oe, wat sou jy gedoen het?

Stiaan: Ek sou jou gesoen het.
Sylvia: Vertel my meer...

En so gaan dit aan. Stiaan en Sylvia het baie belowend geklink tot hulle begin praat het. Hul gesprek klink soos 'n vasvrawedstryd in die klas. Dit klink ook soos 'n opstel wat jy moes skryf toe jy van vakansie teruggekom het. Daar is geen spreekwoordspesery in die taal nie. Dit kan eenvoudig nie stout gemaak word nie.

Die klanke is fantasties vir vloek, maar te hard vir kooigesprekke. Die l-klank is te hard, terwyl die Engelse "lying" wegsmelt in die bed. "What are you doing?" is baie sagter as "Wat maak jy?". In Afrikaans klink dit asof jy betrap is terwyl jy iets gedoen het en iemand skreeu op jou.

Ek is lief vir 'n stukkie Afrikaans, maar 'n sexy taal is dit nie. Dis 'n lekker taal. Hoor:

Stiaan het nou pas 'n moerse lekker stort gevat. Hy kry vir hom 'n heerlike koppie koffie en gaan plak hom voor die televisie neer. Hy kry 'n boodskap van Sylvia.

Sylvia het haar handdoek om haar kop en doen haar naels terwyl sy met Stiaan gesels.

Sylvia: Haai Stiaan, het jy vandag *Vetkoekpaleis* gekyk?
Stiaan: Haai Sylla. Dit was flippen snaaks. Het jy gesien wat Boeboe vir Worsie gesê het? Dit klink soos iets wat jy sal sê.
Sylvia: Ek weet, nè. Dit is wat Bianca ook gesê het. Ek kan nie wag vir *7de Laan* nie.
Stiaan: Flip. Ek kan nie wag vir die Bulle se game teen die Cheetahs nie.

Sien, dit klink meer natuurlik en gemaklik. Die taal het die nodige plat en harde klanke om die gesprek te dra. Daar is geen sagte, sensuele en strelende klanke nodig nie.

Ek wil nou nie Afrikaanssprekendes in die gesig vat nie – natuurlik kan mens steeds poog om stout te wees in die taal, maar weereens is dit 'n geval van die verkeerde woorde wat op die verkeerde betekenisse vermors is. "Soen" en "vry" is orraait. Die woord "verrinneweer" toon soveel potensiaal om 'n stoute woord te wees. Die "weer"-klank is nie te hard nie en "verrinne" klink soos 'n snak na asem. "Ek wil jou oor en oor verrinneweer" kon beslis gebruik word om die vlam in die slaapkamer aan te steek. Die woord "seep" kon as 'n stoute woord dinge lekker laat kook het: "Ek wil jou seep."

Afrikaans is maar eenmaal 'n soet taal, maak nie saak hoe hard daar probeer word om dit stout te maak nie. Dit beteken nie jy moenie probeer nie.

Ek is al jare lank in 'n verhouding met Afrikaans en is baie lief vir hom. Hoekom? Want Afrikaans is aantreklik, jonk, snaaks, slim, partykeer moeilik, maar ek verstaan hom. Afrikaans is nie die enigste een by wie ek kuier nie. Ek is nogal los. Ek kuier ook by Zulu, ons is al die langste saam, en by Tswana. Ek en Tswana verdra maar mekaar. Dan is daar natuurlik Engels. Ek hou nie so baie van haar nie, sy was al by almal.

Afrikaans is maar my hart se punt, en dan Zulu. Ek het Afrikaans ontmoet toe ek agt jaar oud was. Ek het hom nie geken nie. Ek is in die kinderhuis aan hom voorgestel. Almal om my het hom gebruik. Ek onthou nog so goed hoe ek probeer het om hom te ken. Die ander kinderhuiskinders het met my gepraat en ek het net geluide met my mond gemaak asof ek 'n regte gesprek voer.

Afrikaans is in die verlede op baie afgedwing en daarom haat hulle hom so. Hulle sien hom as 'n simbool van onderdrukking. Vir hulle is hy aggressief en gevaarlik. Hulle probeer hom soveel moontlik vermy, en dit is nogal jammer. Hy is nie op my afgedwing nie. Ek het hom mettertyd leer ken en toe ek my weer kom kry, was ons in 'n verhouding. Sonder dwang. Dit was soos om te loop. Een tree voor die ander.

Ek was in 'n dubbelmediumlaerskool maar ek en Afrikaans was so verlief dat die meeste van my klasse in dié taal was. Daarna is ek na die Hoërskool Waterkloof en ons liefde het net al hoe meer gegroei. Daar het ek hom dieper leer ken. Mens kan nie in 'n verhouding wees sonder dat jy verby die oppervlak kyk nie. Ek het begin toneelstukke skryf in Afrikaans. Ek het gehou van sy bou, sy sêgoed. Op universiteit het ek nog nader aan hom gekom.

Ek huil met Afrikaans. Ek onthou toe ek net my nuwe fiets gekry het, die een waarvoor ek so gebid het (toe ons klein was, was ons geloof so groot). Dit was 'n geskenk en ek het oral daarmee gery. Dit was my trots. Ek onthou toe ek hard met my fiets geval het. "Eina!" was die woord wat ek gebruik het en daarna het trane soos 'n rivier gevolg. Toe ek gevra is wat gebeur het, het ek tussen my trane deur in Afrikaans verduidelik. Hy help my nog altyd om my pyn uit te druk.

Ek lag met Afrikaans. Hard en onophoudelik en sommer baie lekker ook. Ek het 'n videogreep gekyk wat die rondte gedoen het – dit was van 'n Afrikaanse nuusleser wat per ongeluk "voorvel" in plaas van "voorval" gesê het. Die taal stel baie lokvalle vir 'n mens waaroor jy net kan glimlag. En toe ek 'n misdaadverslaggewer was, het ek baie die woord "dood" moes tik; en as ek weer my berig lees, sien ek ek het "doos" getik. Saam met die smart was daar ten minste iets om vir 'n sekonde oor te lag.

Ek raak baie kwaad in Afrikaans en soms vir Afrikaans. Aan my woede gee hy uiting met sy versameling vloekwoorde, al sou ek baie meer verkies. Soos voorheen genoem, bevat vloekwoorde in dié taal die regte emosie, wat 'n lekker uitlaatklep is. Ek vervies my dikwels wel vir Afrikaans. Nie alles is altyd maanskyn en rose nie. Ek weet nooit of sommige goed een woord of twee woorde is nie. Ek het eers onlangs uitgevind dat "op pad" inderdaad twee woorde is. Afrikaans maak my soms kwaad met woorde wat klink asof dit aan hom behoort, maar dan vind ek uit die woord bestaan nie. "Huidiglik" bestaan glo nie, dit moet "tans" wees. Ons almal gebruik dit so lekker, Afrikaans kan dit sommer aanneem.

Rym is lekker in Afrikaans. Soos die rympie oor die woord

"kermkous" wat ek vir die Virtuele Instituut vir Afrikaans (VIVA) geskryf het:

Gebore in Gromstad
Geleë in eerste rat
Geskool in hoërgraad-neul
Gesout in vreugde steel

Beroep: 'n teemkomponis
Belet die mond om te rus
Bespeel 'n viool wat ween
Besaai met note wat kreun

Applous applous applous
A, dis ou kermkous

Ek en Afrikaans kan nog nie saam fliek nie. Ek het probeer, maar ek sukkel nog met sy flieks. Ek is seker hy sal my eendag oortuig. Vir eers kyk ons liewer saam TV.

Afrikaans is in my gedagtes en in my drome. Ek droom saans in Afrikaans. Mens sou nou dink dat ek 'n multikulturele droom sou hê, maar dit is nie die geval nie. Die meeste van die tyd praat al die karakters in my drome Afrikaans.

Ek en my broer, Soteria, praat selfs Afrikaans met mekaar. Met al sy ander vriende praat hy Zulu en Engels, maar met my is hy 'n Afrikaner.

Ek verjaar selfs met Afrikaans. Al my gelukwense is meestal in dié taal. Daar is net so een of twee in Engels.

Ek verstaan nie hoekom mense verbaas is dat ek 'n verhouding met Afrikaans het nie. "Jy praat mooi Afrikaans." Hy behoort tog nie aan 'n groepering mense nie. Hy behoort aan wie hom praat. Taal is niemand s'n nie. Dit is almal s'n. Almal is eienaars van die taal. Taal het nie kleur nie; al praat swart mense Zulu, het hulle nie eienaarskap van die taal nie. 'n Wit mens of bruin mens kan dit sy eie maak.

Afrikaans was nog nooit 'n taal van die onderdrukker nie. Dit was nog altyd 'n taal vir almal; dit is net jammer die onderdrukker het dit gebruik.

Lank leef Afrikaans met sy min vloekwoorde en al!

Hoofstuk Vier

Soetwyn, my blydskapfontein

Hou jou vriende naby, maar jou vyande nader. Drank is 'n vyand so na aan my hart. Die probleme wat die bliksem al veroorsaak het is ontelbaar, maar steeds vergeet en vergewe mens en trap jy weer in daai strik.

Ek was by 'n verjaardagpartytjie wat goed begin het maar vinnig in 'n sepie ontaard het, met drank as die hooffeeks.

Die openingstoneel van die partytjie was om 'n swembad. Die son het sy deel gedoen, die gras was groen en die musiek het 'n jolige atmosfeer geskep. Een vir een het die gaste opgedaag, gesoengroet, gedruk en gesels. Van die gaste het mekaar eeue laas gesien. Daar was dus baie om oor te gesels. Almal het natuurlik sakke vol drank gebring, soos dit goeie gaste betaam.

Dit was 'n tipiese swempartytjie. Ek het my baaikostuum aangehad, maar nie my voet in die swembad gesit nie. Ek kan swem, maar hou nie baie daarvan nie. Ek het geen slegte herinneringe nie. Ek was net nog nooit 'n groot aanhanger nie. Ek onthou wel toe ek eenkeer probeer duik het en my kop teen die bodem van die swembad gestamp het. Dit het my geleer om nooit weer in die vlak kant te swem nie. Dit is egter nie die rede hoekom ek dit verpes om te swem nie. Ek is net nie mal daaroor nie. Punt.

By so 'n dagpartytjie drink mens anders as in die aand. In die aand kan jy begin met die hardehout. 'n Dagpartytjie verg baie meer drinkbeplanning, want mens moet so lank moontlik kan drink en so funksioneel moontlik bly. Daarom is die eerste drankie altyd so 'n beskeie een. Hy word teugie vir teugie gedrink, met gesprekke tussenin. Daar is gewoonlik lang pouses tussen elke sluk. Dan sal daar 'n paar minute verbygaan voor die volgende een geskink word. Dit is baie belangrik om daai pouses te maak, want van nommer twee af begin drank stadig van vriend tot feeks verander.

Sy katrol jou in. Sy laat jou veilig voel teen haar warm boesem en streel jou kop terwyl jy aanhou drink. Dit verander van teugies na slukke. Daar is minder pouses, want jy voel gemakliker, veiliger in die teenwoordigheid van jou vertroueling. Sy gee vir jou die tipe selfvertroue wat min kan. Dan raak dit drie, vier, vyf, ses…As jy jou weer kom kry, voer jy nie gesprekke nie, maar gille. Jy dans waar jy voorheen baie selfbewus was en ewe skielik raak mense aantrekliker. Vroeër het jy nie so gedink nie, maar nou kan jy jou oë nie van hul lippe afhou nie, want jy wil dit proe.

Wanneer jy dié vlak bereik, is die probleem dat jy begin dink jy is ook aantreklik. Nee, se voet, jy *weet* jy is aantreklik. Jy begin dans asof jy 'n ontkleedanser is. Jy het selfvertroue om met mense te praat. Jy het 'n stoute glimlaggie en jy weet dat jy bleddie onweerstaanbaar is. As jy nie iemand kan verlei nie, is dit nie jy nie, maar *hulle* wat iets makeer. Jy is kaatjie van die baan.

Met hierdie enorme golf van selfvertroue kom daar 'n reusesikloon van waarheid. Nou, die nugter jy hou daarvan om die vrede te bewaar. Al is die persoon van wie jy niks hou nie so naby dat jy haar kan proe, hou jy steeds jou pose en jy forseer daai vals glimlaggie. Die nugter jy is 'n beter persoon, volwasse, en het nie tyd vir onnodige moeilikheid nie. Die dronk jy, aan die ander kant, glo hy veg vir geregtigheid. Kyk, jy praat só die waarheid jy verbeel jou jy is 'n ensiklopedie. Daai persoon van wie jy niks hou nie, gaan presies weet wat jy van haar dink. Jy gebruik al die letters van die alfabet om haar perspektief te gee van jou gevoel oor haar.

Daarna val jy in 'n absoluut emosionele put. Jy gaan van kwaad na hartseer. Jy wil versoen met jou vyand. Jy peper haar met komplimente. Jy bieg kastig dat jy haar nog altyd as jou vriendin wou hê.

Jy maak vrede. Iets wat nooit sou gebeur het onder die invloed van nugter wees nie. Jy vertel haar jou diepste geheime en deel ander se geheime soos kaarte uit. "Shame, Lisa is swanger, maar moenie vir haar sê ek het jou gesê nie. Sy is my beste vriendin. Ek is baie lief vir haar, maar sy moes versigtiger gewees het." Jy raak sommer wys en begin oordeel.

Van hier af raak dit net morsiger. Óf jy is uitgepass op die gras, óf wat jy verder doen is so skokkend, jou brein vee dit vir jou uit.

Dit was presies die slottoneel van die partytjie wat so belowend begin het. Mense wat mekaar gedruk het toe hulle daar aankom, het vyande geword. Mense wat mekaar gehaat het, het vriende geword – sulke goeie vriende dat hulle nie hul hande en monde van mekaar kon afhou nie. Vriende het mekaar gemoker asof hulle by 'n stoei-kampioenskapwedstryd was. Wie jy gedink het is ordentlik, het jou verkeerd bewys. Dit het in heerlike chaos ontaard. Drank het soos die ou feeks wat sy is, daar gestaan en toekyk hoe alles ontvou. Sy was die katalisator vir die hele affêre.

Die volgende dag moes mense hul name soos rommel optel om dit te herstel. Dié wat ekstroverte was, het vinnig weer introverte geword. Glimlagte van verleentheid is uitgedeel soos pamflette by 'n verkeerslig. Wat die vorige aand gebeur het, was nog te vars in die geheue om oor te lag. Almal wou net van mekaar wegkom en in 'n donker kamer gaan lê. Drank het seker gemaak daar was letsels – babelas.

Hier sien ons drank se ware kleure, maar volgende keer wanneer daar weer 'n braai of swempartytjie is, vergeet ons hoe wreed drank is. Want om teen haar boesem te lê en van haar te drink, bly maar 'n lekker ding. Ons het haar so lief, ons haat haar, en dit maak haar die perfekte feeks.

Nie net is drank 'n feeks nie, maar dit is ook die satan se piepie. Daai donkergeel urine wat allesbehalwe gesond is. Veral as sekere mense dit drink.

Ek sê dit natuurlik met 'n swaar hart, want ek was nog heeltyd 'n gebruiker – en soms 'n misbruiker – van drank. Ek was nog altyd in die drinkkomitee – voorsitter daarvan, veral in my prille jeug. Toe die vlees en gees nog gewillig was. Hoe ouer jy raak, hoe meer besef jy dit raak 'n eenrigtingverhouding. Die gees is ywerig, maar die vlees sukkel om homself die volgende dag te vind. Ek onthou die goeie ou dae toe ek ná 'n kuiersessie slegs 'n paar uur nodig gehad het om te herstel, en dan was ek weer reg om aan te gaan. Nou is dit 'n nodelose besigheid.

Ek ken myself gelukkig wanneer ek drink. Ek raak soos 'n aap, hop en dans en skreeu – nie uit woede nie, maar uit absolute vreugde. Daar is drinkers wat dissipels uit die hel word. Ek het al 'n paar keer gesien watse vieslike strepe drank by sommige mense uitbring. Veral in Buurman, of eerder Bierman.

Toe ek nog 'n inwoner van die baie Afrikaanse Pretoria was, het ek 'n buurman gehad wat lief was vir fles vat. Hy het nie 'n geleentheid nodig gehad om gekettie te raak nie. Die feit dat dit Maandag, Dinsdag, Woensdag, Donderdag, Vrydag of Saterdag was, was rede genoeg om te tap. Die outjie het gedrink asof dit verniet uit die krane kom. So asof die regering hom subsidieer. Dit is nie kleingeld om te drink nie. Dit trek aan 'n man se sak. 'n Mens sou dink hy sou op die sewende dag rus, maar dit was nog meer rede om geslinger te raak. Sy lus vir die bottel kon nie geblus word nie.

Ons het Buurman (of eerder Bierman) nooit gesien drink nie, nee. Ons het gewéét. Sy motor se bande wat om hulp skreeu wanneer hy tuis kom was soos 'n dronkalarm wat ons gewaarsku het. Dan het hy sy kar parkeer asof dit 'n stuk klip is wat langs die pad gegooi is. As sy kar 'n papiertjie was, sou hy dit net daar gesmyt en weggeloop het. Deur die manier waarop hy die kardeur toegeklap het, het ons geweet daar is feesgevier. Die geluid het geëggo dat die kranse antwoord gee – en ons was ver van die kranse. Dit was egter, ironies genoeg, die stilte voor die storm.

Sy voete het dan die grond geraak en die klippies het skoon padgegee van daardie walms. Daarna het hy dadelik begin gil, asof hy steeds in daardie kuierplek was en iemand met hom moeilikheid gesoek het. Maar die verskil was hy het die nag uitgeskel. Die p-bomme het

soos handgranate oral rondgeval soos hulle uit sy besope bek ge-
braak is. Hy het seker gemaak hy projekteer en artikuleer dat die
hele straat se ore tuit. Die rede vir die groot kwaad was onbekend.
Net soos die maan en die sterre was dit net *daar*. Niemand het
hom durf konfronteer of stilmaak nie, want hy sou dan dadelik
ophou gil op die nag en jou aanvat asof jy sy meisie per ongeluk
op die dansvloer raakgestamp het. Diegene wat dit in die verlede
probeer doen het, is so gevloek dat daar vlekmerke op hulle was.

Sy dronkenskap het dan, soos 'n rekenaarspeletjie, 'n nuwe fase
betree. Die hek-toeslaan-en-goeters-gooi-fase. Daai stomme hek en
deur is herhaaldelik toegeslaan en op gegil asof dit met hom getroud
was. Dit is van 'n kant af uitgetrap. Ek neem aan omdat dit toe was
toe hy by die huis gekom het. Op een tydstip het ek gedink hy sing
'n heavy metal-liedjie en die deure en hekke is soos tromme wat hy
speel. Die liedjie het egter net een woord gehad en dit het met "roes"
gerym. Daar was geen variasie in die vers, die brug of die koorgedeelte
nie. Dit het alles net die een woord bevat.

Hy was geen katjie om sonder handskoene te hanteer nie. En al
het jy handskoene aangehad, sou Bierman jou vermorsel. Daarom is
die polisie gebel. Hulle het probeer om hom te tem, maar dit was soos
brandewyn op 'n eend se rug; hy het aangegaan soos 'n winterhoes
wat in die somer begin het en nie van plan was om weg te gaan tot dit
deur al die seisoene is nie.

Hy het dan op die ander bure begin skreeu, hulle goed uitgejou,
hulle gedreig dat hy hulle gaan leed aandoen. Dan het hy oorgegaan
in 'n vreesaanjaende liefderikheid, waar hy almal met geweld wou
omhels. As jy nie bereid was om aan sy versoek te voldoen nie, het hy
potplante gegooi en gebreek om sy misnoeë te kenne te gee.

Daarna het die groot vaak gevolg soos 'n kalmeermiddel. Bierman
was so gekletter dat slaap hom by sy deur al oorrompel het. Dan het
hy sommer daar aan die slaap geraak.

Die oggend ná die drankstorm was die ou weer Buurman. Die
brein het so skaam gekry dat dit die vorige aand se dade uitgevee
het. Hy het geglimlag en geselsies gemaak. As hy uitgevra is oor die

vorige aand, het hy niks onthou nie. Die skrapnel van die vorige aand was egter oral in die erf – hier 'n gebreekte ietsie en daar 'n gekraakte dingetjie.

Wat ek wil weet, is hoe 'n mens so dronk raak dat jou wese die geaardheid van 'n demoon aanneem? Dit gaan my verstand te bowe. Ek het alkohol nog altyd as 'n versoener gesien, maar die laaste tyd is dit soos 'n kraan van die bose.

Daarom staan ek vas. Ken jou grondgeaardheid. As die bottel jou siel verrinneweer soos ou Bierman s'n, drink liefs 'n koppie tee en gaan lê die aand met 'n skoon gewete eerder as om uit te pass, want die liggaam moet ingryp om jou uit die vernedering te red. A nee a.

Drank was nie altyd 'n ou feeks of piepie nie. In die beginjare het dit net 'n sogenaamde sletsap gevat om my op te kikker. Nou, 'n sletsap is die soet drankie wat koeldrank na-aap. Ek kon toe nie nee sê vir 'n soetigheid nie. Soet rosé was ook een van my gunstelinge. (Die wynsnobs sal nie hiervan hou nie.)

Ek was 'n goedkoop date, want dit het net twee sletsappe gevat om vir Brenda uit te bring. Sy was my baie vriendelike en sosiaal aanvaarbare dronk persoonlikheid.

Brenda was die vriendelike en meer spontane weergawe van my as die tiermelk ingegaan het. Shame, Brenda is jare terug oorlede. Ek het haar nooit weer gesien nie.

Nugter was ek redelik ernstig. As ek tussen mense gesit het, was ek so styf soos 'n wortel. Ek het net kopgeknik en so nou en dan 'n woordjie gesê. Nugter was ek maar 'n drup. Ek wou eerder in my bed lê en reekse kyk en voor my rekenaar aan die slaap raak. Ek het nie maklik vir ander se grappe gelag nie. Ek het gou 'n skewe kyk gegee, sommer net so, sonder rede.

Brenda was anders. Sy was 'n wilde poppie, spontaan en vol lewe. Brenda het kans gesien om na enige persoon se vervelige stories en grappies te luister en te skaterlag. Sy het vir almal geglimlag. Sy was mal oor die lewe en mense. Jy sou nooit vir Brenda voor die rekenaar sien reekse kyk tot die son opkom nie. Nee. Sy was 'n dame vir die nag en sy wou hard kuier en die son groet. Die meeste mense kon

Brenda verdra. Sy was nie 'n moeilikheidmaker nie. Jy sou haar nie kry met iemand baklei nie; mense wou soms met haar baklei, maar sy het dit vermy.

Brenda het ook nie moeg geraak om na mense se hartseerstories te luister nie; sy het getroos en ondersteun. Sy het verstaan en meestal advies gegee. Al was die advies nie altyd bruikbaar nie, was haar hart ten minste op 'n goeie plek. Dit is al wat saak gemaak het. Sy was – nes 'n vrouetydskrif – almal se vriendin.

Ek het veral van Brenda gehou omdat sy so 'n goeie danser was. Die suster het geweet hoe om my heupe te skud en my liggaam soos 'n slang te laat beweeg. Sy het my liggaam die nodige oefening gegee, want sonder haar sou dit beslis nie gebeur het nie. Sy was 'n energieke en skaamtelose siel. Sy het eenkeer so lekker gedans dat sy haar kop hard gestamp het, maar sy het steeds aanhou dans asof niks gebeur het nie. Sy het nie toegelaat dat die lewe se stampe haar onderkry nie. Sy het aangegaan. Wat 'n inspirasie.

Ek het haar in Potchefstroom gekry, vir ou Brenda. Ek onthou toe sy my gevat het na die plekke waar hulle so vreeslik sokkie. Ek het dit nie gewaag om na so 'n plek toe te gaan nie. Ek het nie daarin belanggestel nie, hoewel ek nou van die musiek hou. Die sokkieplek was darem nie te besig nie. Brenda het die selfvertroue gehad om 'n liedjie te gaan versoek. 'n Mens doen dit mos nie in 'n kuierplek nie. Jou ore moet maar aanvaar wat hulle kry, of hulle daarvan hou of nie. Brenda wou 'n liedjie hoor en sy het 'n liedjie gekry.

Brenda het ook vir my vriende gemaak met wie ek nou nog vriende is. Sy kon mos met enigiemand praat. Al was hulle onvriendelik. Sy het gelukkig geweet om nie aan te hou karring aan iemand wat nie haar geselskap geniet het nie. Sy sou aanbeweeg na die volgende geselskap toe. Sy het sterk gevoel dat die lewe te kort is om ontsteld te wees.

Brenda was ook baie vriendelik en het graag vir mense drank gekoop en hulle bederf. Brenda was baie mal daaroor as haar vriende gelukkig was. Sy was glad nie orig nie, maar soms was sy voor op die wa.

Brenda het 'n paar jaar terug doodgegaan. Dit het so vinnig ge-
beur. Voor ek my oë kon uitvee, was sy nie meer met my nie.
Ek het nooit behoorlik vir haar totsiens gesê nie, nie eers vir haar
'n behoorlike begrafnis gehou nie. Sy het sonder nagedagtenis in
die niet verdwyn. Soos 'n nikswerd gekwyn. Mens sou dink omdat
sy deel was van my lewe, sou ek haar mis.

Ek het jare lank van Brenda se bestaan vergeet. Die lewe gaan aan.
Mens dink mos nie konstant aan die dinge wat jy verloor het nie –
die lewe sal te morbied wees. Ek het lank nie geweet hoekom Brenda
haar lewe verloor het nie en het ook nie tyd spandeer om daaraan te
dink nie. Toe onthou ek hoekom Brenda dood is.

Naas die goeie was daar ook die slegte. Brenda was te braaf vir haar
eie skoene. Sy het soms kanse gewaag en onder die invloed bestuur
en my oortuig dat ek oukei is. Sy het my herinner dat ek 'n goeie
bestuurder is en nog nooit 'n ongeluk gemaak het nie. Sy het my die
selfvertroue gegee om onverantwoordelik te wees. Dit is tóé dat ek
besluit het om Brenda te vermoor. Ek onthou nog hoe sy doodgegaan
het. Ek het van haar ontslae geraak en geen teken van haar gelos nie.
Dit was nie maklik nie, want ek en Brenda het al jare saam gestap.
Aan die begin het alles goed gegaan, maar later het sy net te veel
kanse begin waag. Ek moes ongelukkig van haar ontslae raak. Ek wou
nie, maar watse keuse het ek gehad?

Terwyl ek deur al die herinneringe gekrap het, het ek onthou dat
Brenda my geleer het drank is 'n versoener. Ek het op 'n briefie afge-
kom wat ek en sy saam geskryf het om drank die krediet te gee wat
dit verdien, voor alles skeef geloop het:

Ek is nie 'n alkoholis nie… maar ek is darem lief vir drank. 'n Erotiese
liefde wat drup van passie en lus. So warm soos 'n hittegolf, maar
so koud soos 'n kouefront.

Noem my 'n alkoholfanatikus, 'n slingersap-liefhebber, liefdeswater-
aanhanger en 'n geheuestuiter-gebruiker. Noem my 'n drinker uit die
tier se speen, 'n papsaksuiger, 'n sletsapslet, 'n soetwynkyser. Ek dra
die name met trots. Hulle hang aan my soos balkies op my jas. Soos

diamantoorbelle. Soos 'n goue hanger om my nek. Hulle klou aan my soos die klere aan my lyf. Ek dra hulle soos die skoene aan my voete.

O, soete drank, jy is soos 'n engel se kus op elke sjokolade lip. Jy is 'n bries van genot. Jy is verlossing vir die vasgevange siel. Jy is metgesel, vennoot, eggenoot.

Soete drank, jy streel my keel soos 'n harp met elke sip. Jy heel die gebreekte met elke drup. Jy is water en spoel weg elke nuk. Jy maak liefde met elke sluk – met apologie aan 'n minder nugter Piet Matipa.

Oor dié onderwerp kan ek dig en filosofeer, rym en sing. Ek kan prosa skryf en dit tot vervelens toe voorlees en uitvoer – oor 'n glas wyn, natuurlik.

Dit is eers onlangs dat my gestel die hardehout begin verdra het. Nog al die jare drink ek net die sogenaamde sletsappies. Die tong verwar die sletsappies met koeldrank, dan gaan die poorte van die keel oop en bly so. Dit beweeg deur my bloedstroom soos 'n welkome indringer.

My gunsteling-slet is Brutal Fruit - die pienk, oranje, pers en groen soorte. Dié sappies doen hul naam gestand, want die nagevolge is brutaal – op 'n manier wat net genot bevat.

'n Ander soet ding wat die tong prikkel is roséwyn. Dit mag dalk lyk soos 'n elegante drankie, maar dit gee ook 'n PK (peperklap of...).

Ek is te ongekultiveerd vir rooiwyn; dis galbitter en maak die drinkervaring suur. Ek is te swart vir witwyn, want dit gril my, ril my, krul my. Dit is droog, maar proe soos kasterolie. My gestel is te naïef daarvoor.

Bier sit ook nie 'n glimlag op my gesig nie. Dit het te veel testosteroon in. Dit verrinneweer my gestel en korrupteer my geluk.

Die eerste keer dat ek drank ontdek het, het ons so goed oor die weg gekom dat dit dadelik na my kop toe gegaan het. Ek het daarna grootkop gekry omdat ons so goed klaargekom het.

Ek was aanvanklik nie 'n aanhanger van die gevoel nie. Ek hou mos van in beheer wees.

My gesig was gevoelloos en my twee bene kon nie saamstem oor 'n looprigting nie. Ek het gehoor dat die wêreld begin draai, maar myne het nie. Dit het eerder kleierig geword. Die grond was onstabiel en die lug het dit nageboots. Hulpkrete het gevolg, want die beheerloos-gevoel het my angsaanvalle gegee.

Die volgende oggend was geen fees nie – gulsigheid is mos een van die sewe sondes en druiwe is nie een van die vrugte van die gees nie.

Soos enige atleet moet 'n mens maar oefen en leer hoe(veel) om te drink. Eers na 'n paar drafsessies kon ek 'n bronsmedalje kry vir drink.

Ek het oorgegaan na silwer tot ek my goue medalje verwerf het, en dit was niks minder as goed nie.

Hardehout soos brandewyn, Captain Morgan's Spiced Rum en KWV, is nou gereelde gaste op my tong – wat later sleep en knoop en hopelik met 'n ander tong sal stoei.

Die enigste ding wat my versekering gee dat ek nie 'n alkoholis is nie, is die feit dat ek dit haat om alleen te drink. Dis vreemd. Drank is 'n sosiale verversing. Eie geselskap is nie daarvoor gemaak nie. Slingersap is altyd lekkerder as daar medegebruikers is. My reël is om slegs by 'n jolige geleentheid te drink.

Ek sê altyd, as jy in iemand se karakter wil delf, moet jy oor 'n glasie liefdeswater kuier. 'n Tier se strepe is dan die duidelikste. Dit skyn lig op die waarheid. Dit is 'n leuenverklikker.

Drank is nie 'n euwel nie, dit is 'n versoener. Dit het my al die selfvertroue gegee om te versoen met wie ek lelik vasgesit het. Dit het my ook die moed gegee om dié te soen wat ek lankal graag wou soen.

Dit is 'n liefdesaandraer en 'n toenadering-toegeër. Dit is 'n gelukbringer en skep harmonie asof dit 'n simfonie is. Ek en drank is 'n duet en harmoniseer a cappella, want al wat ons nodig het, is mekaar.

Ek is nie die satan se woordvoerder nie en verkondig nie sy drank-evangelie nie. Lekker bly maar lekker, al voel dit sleg. Matigheid voor oë.

Ek sê ook nie vergryp jou aan drank nie, gryp net! Vat dit, omhels dit. Geniet dit.

O, soete drank, ek sal aanhou swem in jou plesierfontein tot die einde van dae.

Ek sal jou woord verkondig sonder om te skroom of te vra.

Jy laat my nooit verslae.

Soos 'n medalje sal ek jou dra.

Dit is wat ek en Brenda saam kwytgeraak het toe ons net ontmoet het. Ons het 'n ode aan drank opgedra. Ons het nie van beter geweet nie. Ons was optimisties en het die goed in alles probeer sien. Ons het gedink ons is wys en slim. Toe het my oë oopgegaan en Brenda s'n het toe gebly. Ek moes van haar ontslae raak, want ek kon haar nie anders oortuig nie. Ek het nie eers probeer nie, want ek het geweet hoe sy voel.

Noudat ek weer aan ou Brenda dink, wil ek net sê: Hou jou vriende naby, maar drank is 'n vyand wat ver weg moet bly.

Hoofstuk Vyf

Hier is 'n swart grappie

Die wêreld dink blykbaar nie ons is mooi nie, "ons", die swartes. Ek moet sê dit is vir my nuus, want die spieël sê nog heeltyd vir my iets anders.

Dit was 'n opname wat ek toevallig raak gelees het. 'n Groep mense is gevra watse tipe mans vir hulle aantreklik is, en ons met die sjokolade velle laat glo nie mense se harte vinniger klop nie; volgens hierdie studie is ons die onaantreklikstes. My wêreld, wat sê mens nou? Wat sê mens na so 'n onthulling? Mens kan net jou hande een keer klap en jou tee verder drink.

Smaak is seker nou maar smaak; wat kan mens sê? Mense oor die wêreld heen het aan die opname deelgeneem. My woorde het regtig weggehardloop toe ek dit sien, soos mense wat uit 'n brandende gebou vlug.

Ek is meer geskok omdat daar so 'n studie bestaan en dat daar mense is wat bereid was om daaraan deel te neem. Ek dog nog altyd mooiheid word nie bepaal deur kleur nie, maar deur die eienaar van die oë. Wat probeer jy bereik deur 'n studie te doen oor watse kleur en kultuur mense mooier is as die ander? Dit is mos verregaande. Of is ek 'n bietjie onredelik? So 'n studie moet in die eerste plek nie bestaan nie. Dit bestaan nou.

So in my middel tot laat twintigs het ek ophou loop; ek het begin breëbors loop want ek was sterk onder die indruk my voorkoms is aanvaarbaar. Niemand het dit nog ooit gesê nie. Die spieël het egter nog geen krake nie. Ek vertrou die spieël soos wat ek 'n vlieënier vertrou, letterlik met my lewe. Die spieël is die enigste ding wat vir jou sal sê wanneer daar iets tussen jou tande is. Mense sal toekyk hoe jy vir almal en alles glimlag met 'n stuk swart op jou tande, en niks sê nie.

Die spieël het geen rede om te lieg nie. Dit wys jou die probleem en help jou om dit op te los. As jy wonder hoe jy in iets lyk, vra maar die spieël: Dit sal jou wys en 'n aanduiding gee of jy goed of sleg lyk. As jy gedink het jy het 'n beste vriend, ken jy nog nie die spieël nie. Ek vertrou jare lank die spieël en dit het nog nooit vir my gesê daar is iets groots fout nie.

Natuurlik voel mens mooier op een dag as die ander. Die spieël sal dit sê. Die dae dat mens mooi voel, wens jy die son kan op jou skyn soos 'n kollig. Jou klere sit sommer mooi en lyk ekstra skoon aan jou. Jy glimlag asof elke oomblik 'n fotogeleentheid is. Jy loop rond en maak seker soveel mense moontlik kan die mooiheid ervaar.

Ek gaan nou nie die mense wat aan hierdie opname deelgeneem het probeer oortuig dat swartes ook mooi is en nie onderaan die lys hoort nie, want die keuse is duidelik en om hieroor kwaad te wees, gaan mos nie help nie. Ek wil hulle net ietsie vertel.

Ons het nie lang, golwende hare wat die wind gehoorsaam nie. Ons hare is nie verskeie skakerings van blond, na koper, na brunet nie, nee. Ons het dit nie, julle is reg. Ons het lippe; nie net lippe nie, heerlike lippe. Was jy al ooit op 'n masseerstoel? Miskien jou voete masseer of jou rug of sommer jou hele lyf? Ons lippe is ingeboude masseerders. 'n Swart kus is 'n stimuleerder. Nou stel jou daai kus voor, oral op jou lyf. Ja, ons hare rebelleer teen die wind, maar wat daarvan? Nie alles kan onderdanig wees nie. Ons kan buitendien baie meer met ons stywe dog gehoorsame hare doen, wat ons vars en cool laat lyk.

Omdat ons donker is en nie blou oë of groenes het nie, lyk ons almal seker dieselfde, nè? Nee, sit jou bril op. Ons het baie prominente gesigte wat dit karakter gee. Ek het reeds ons lippe genoem, ons neuse en ons beenstruktuur.

Die donker gelaat beklemtoon ons tande en maak ons glimlag prominent, al is dit pikgitdonker. Jy kan ons gelukkig myle ver sien; jy hoef nie te wonder nie.

Die son is ook gaaf met ons. Jy sal selde sien dat ons vervel of so rooi gebrand is dat ons lyk asof ons te veel beet geëet het. Ons kan 'n skakering donkerder word, maar ons en die son het 'n baie goeie verhouding.

Ons is taai mense, rof en passievol. Het jy al jou hand oor 'n swart man se lyf gevryf? Dit is glad, plat, styf en hard. Soos 'n gebou is ons gebou. Baksteen op baksteen is ons aanmekaargesit om ons so ferm moontlik te maak.

Ons agterstewe – mans en vroue s'n – is gewoonlik uit die boonste rakke. Ek is rietmaer, maar my boude sal enige hand gelukkig maak. Dit gee ook karakter. Ons het nie strykplankboude wat lyk asof hulle verkluim, koud kry en dan wegkruip nie.

Ons liggame besit onwrikbare ritme – ons kan vir jou dans dat jy smelt. Ons kan vir jou sing dat jy hoendervleis kry.

Julle wat deelgeneem het aan daai studie is seker geregtig op jul opinie, maar ek kan nie saamstem nie.

Daar is nie so iets soos 'n minder aantreklike kultuur of 'n groepering mense nie. Daar is mooi in elke kleur en geur.

Vandat ek al almal gesoen het, is my grootste droom om 'n Japannees te soen. Ek het bietjie getwyfel nadat ek een van hul advertensies vir 'n wasgoedmiddel gesien het. In die advertensie het hulle 'n Japannese vrou en 'n swart man wat met haar flankeer, in die wasmasjien gedruk en die betrokke middel ingegooi. Die swart man het toe in 'n Japannees verander en was toe aanvaarbaar vir haar. Dit het my so bietjie 'n gly gegee, maar toe besef ek mens kan mos nie 'n ras op hul advertensies takseer nie. Ek wil dus steeds een soen.

Die punt van dié kleurvolle gesprek is dat ek vir daardie mense van die simpel studie wil sê hul swak studie is ongegrond en belaglik. Ek weier om te aanvaar ek is minder aantreklik as gevolg van my velkleur. As dit die geval was, sou die spieël lankal gepraat het.

Gepraat van rassegesprek: 'n Mens moet altyd ras iewers ingooi, want dit is immers Suid-Afrika. Ek het 'n paar duur lesse geleer uit my soektog na 'n woonstel om te huur. Die belangrikste een was: Die huisagent moet uit die telefoongesprek kan aflei watse geslag, ouderdom en ras jy is vóórdat jy na die plek gaan kyk. Van dié drie is ras nogal belangrik, want jou mond kan die persoon aan die ander kant fop. Net omdat jy nie met 'n sekere aksent praat nie, word aannames gemaak.

Aan die einde van 2012 het my belangstelling in my eerste woonstel, of hut, soos suur melk verval. 'n Mens wil ook darem opbeweeg in die woonstellewe. Ek was veral moeg om met een draai in verskillende vertrekke te wees. Daar was my bed omtrent bure met die kombuis, en dié was byna binne-in die toilet. Ek kon gekook het terwyl ek geslaap het en sommer gepiepie het ook, as ek wou.

Wanneer vriende kom kuier het, moes ons óf op die bed óf op 'n kombers op die gras sit. 'n Huispartytjie op die kooi is mos nie 'n gesellige een nie. 'n Mens kan mos nie 'n kuier op die kooi begin nie. Daar moet nog baie gebeur voor mense daar eindig. Mense sal begin sleg dink van my.

Ek het toe met mag en mening woonstelle begin soek en na 'n paar gaan kyk. Enigiemand wat al die taak getakel het, sal weet hoeveel moeite dié soektog is. Die foto's op die web stem nooit ooreen met die werklikheid nie. Die foto's is gewoonlik ooroptimisties. Om aansoek te doen om 'n plek te huur is deesdae moeiliker as om jou lisensie te kry; ek is verbaas hulle trek nie jou bloed en doen DNS-toetse nie. Dan moet jy daarna wag om te hoor of jy die plek gekry het asof jy 'n matriekkind is wat wag vir sy resultate. Die stres.

Daar was twee woonstelle wat my aandag getrek het. Die een was in 'n kompleks in die ooste van Pretoria – dit is die fancy deel van Pretoria. Duur. Dit was baie groot, mooi en bekostigbaar. Ek vind toe later uit *Beeld* het berig dat daar 'n dwelmklopjag daar was, so nee. My hart was gebroke, maar my sin vir veiligheid was baie dankbaar dat die stukkie inligting die lig gesien het. Sê nou maar ek vra my bure vir suiker en ek kry "suiker" wat my té opgewonde maak?

Die tweede een was in Menlopark. Die verhuurder het in haar advertensie gesê sy soek 'n "Afrikaanse Christen".

Ek sou later uitvind dat dié twee beskeie woorde in sulke advertensies eintlik sinoniem is met "slegs blank". Soos die toilette jare gelede. Toe het ek nie die subteks in die bewoording raak gelees nie. Ek het gedink jy moet net kan bid in Afrikaans, dan is jou kop deur. Ek kan 'n klomp goed doen in Afrikaans. Daarom het ek gedink dat ek 'n belowende kandidaat is.

Ek het die huisagent toe gebel en ons reël heel opgewonde 'n tyd sodat ek na die woonstel kon gaan kyk. Dié versoek toe dat ek haar by haar ander werk gaan oplaai sodat sy vir my die woonstel kan wys. Wat 'n eienaardige versoek. Ek en my kollega Mariska Batt gaan laai toe die huisagent by haar ander werk op, want me. Professioneel het nie vervoer gehad nie.

Toe ons by dié se werk kom, stel Mariska haarself voor aan me. Professioneel. Dié, 'n sjokolade kind nes ek, skrik haar boeglam toe ek my voorstel. Ek was heeltemal verdwaas en het nie begryp nie. Sy lag ongemaklik. "Is jy Piet? Regtig, is jy Piet?" vra sy soos 'n vasgehaakte plaat. Ek beaam, want ek ís immers Piet.

"Ek dog jy is wit. Die mense soek nie 'n swart mens vir hul tuinwoonstel nie," lig sy my in. Takt was duidelik nie in haar woordeskat nie en sy was nie van plan om uit ordentlikheid 'n leuen uit te dink nie. Sy was op die man af, soos 'n kar wat regdeur 'n winkelsentrum ry. Ek het toe na lug gehap; woorde het my ontgaan. Wat sê mens? Ek het gevoel soos toe ek daai studie gelees het oor die "onaantreklike swartes".

Sy het voortgegaan. "Ek's regtig jammer, maar jy weet mos hoe is ons swart mense," blêr sy aan. Ek het my ore gespits, want sy gaan my nou 'n les gee oor hoe "ons swartes" is.

"Ons speel harde musiek, drink en hou heeltyd partytjies," het sy gesê. Sy ken duidelik nie studente nie – al die kleure ingesluit.

Die wag voor haar mond was diep aan die slaap of net dood. Ek dink sy het hom vermoor. Sy runnik aan: "Jy weet swart mense trek ook met hul hele families in. Die mense soek nie 'n hele familie op hul erf nie." Sy het dit alles vir my gesê asof ek 'n hele klas vol kinders het. Ek het nie eers 'n troeteldier nie.

Nadat sy vir my 'n kort kursus in swart studies gegee het, het sy my steeds die woonstel gewys. Me. Professioneel het gesê hulle sal vir my 'n spesiale vergunning maak.

Ek het nie belanggestel nie en heel vriendelik aan haar gesê: "Ek hoop julle kry 'n wit huurder wat nie na musiek luister en nie met sy hele familie gaan intrek nie."

Die plek was in elk geval nie so mooi in die regte lewe nie. So van nou af gaan ek beslis my ras byvoeg wanneer ek woonstel soek. Ek het my petrol gemors. Meer belangrik, nou ken ek die betekenis van "Afrikaanse Christen".

Ai, ras.

Ek het 'n vent van Brasilië ontmoet wat die hele wêreld deurreis. Sy Engels was nou nie watwonders nie; ons moes op 'n kol via Google Translate met mekaar praat, veral as die gesprek kompleks geraak het. Hy het gesê hy hou baie van Suid-Afrika, maar hy vind iets baie vreemd. Ons is steeds erg volgens ras gegroepeer. Ek het nie so gedink nie; ek het eerder gedink ons is almal meer geïntegreer. Wit en swart bly langs mekaar en bo mekaar. Hy het gesê dit is baie opmerklik dat ons so gegroepeer is.

Ek het een ding van Suid-Afrika besef: Ons is eintlik 'n liberale konserwatiewe land. Ons lyk wild op papier, maar ons is nog 'n preutse spul. Ons is nog baie rasbewus. Swart mense klassifiseer hulleself nie as die vryes nie. Ons noem onsself die voorheen benadeeldes en ons dra daai etiket sodat wit mense kan onthou. Wit mense klassifiseer hulleself as die tans benadeeldes omdat dit moeilik is om werk te kry. Van hulle emigreer. Ons almal dra maar etikette wat ons steeds in ons bokse hou. Die voorheen benadeeldes bly al om die voorheen benadeeldes, die tans benadeeldes kuier en braai met die tans benadeeldes. So stook ons mekaar op en skep 'n groter skeiding.

Ek was verbaas om te sien hoe studente in 2016 in rassekampe teen mekaar veg, en dit is kinders wat niks weet van die land se donker geskiedenis nie. Steeds het kleur hulle geskei. Dit is so 'n oppervlakkige rede.

Ek is nie wys genoeg om my uit te laat oor kleur nie, maar ek sien dit net nie as rede genoeg om antagonisme te stook nie. Dit is so 'n swak rede met geen inhoud nie. Jy sien en jy hou nie daarvan nie. Die mens moet tog meer dimensies as dit hê?

Dit sou beter gewees het as ons almal net een kleur was. Ons sou nie die "wittes" of die "swartes" hoef te blameer het vir iets nie. So sou ons duideliker kon onderskei tussen goeie mense en slegte mense. Daar sou nie mense gewees het wat opmerkings maak soos dié nie: "As ek dronk was, sou ek 'n swart mens soen, want ek maak dom besluite as ek gedrink het." Iemand wat swart is en sleg is, is nie 'n refleksie op *al* die swart mense nie. Iemand wat wit en wreed is, verteenwoordig nie *al* die wit mense nie. Iemand wat bruin en gemeen is, maak nie al die bruin mense soos daardie persoon nie. Kleur is 'n simpel verskoning vir haat.

Daarom is ek nie onaantreklik omdat ek swart is nie. Ek gaan nie die stilte versteur en lawaai maak omdat ek donker is nie. Jy is nie 'n rassis omdat jy wit is nie. Jy is nie 'n suiplap omdat jy bruin is nie. 'n Groep bepaal nie 'n individu nie.

Hopelik, iewers in die toekoms, gaan ons ophou groepe sien, maar eerder die mens.

Hoofstuk Ses

Toi-toi, ons nasionale volksdans

Ons land is maar lief vir wat ek 'n groepswoeps noem – 'n staking. As daar 'n maand verbygaan en daar is nie gestaak nie, is dit nie 'n eg Suid-Afrikaanse maand nie; dit is 'n ingevoerde maand. Die ding van so 'n groepswoeps is dat dit baie vinnig kookpunt, of eerder brandpunt, bereik.

As 'n misdaadverslaggewer moes ek baie hiervan bywoon, net soos 'n Afrikaanse meisie wat troues bywoon.

Dit begin rustig. Die busse kom vroegoggend aangery, dit stop by 'n punt en laai betogers af. Ek het vrae oor hierdie gerieflike busse. Wie betaal daarvoor? Moet mense betaal om daarop te klim? Wie reël dit? Almal staan by die busse, gereed met plakkate. Die plakkate bevat nie lang sinne nie, maar wel effektiewe sinne. Dit snou gewoonlik iets toe of dit sê hoe die gemoedstoestand is. 'n Woord soos "moeg" is 'n heerlike plakkaatwoord. "Genoeg" is ook een. Natuurlik in Engels.

Terwyl die mense wag, warm hulle op met liedjies. Hulle sing asof daar 'n optogliedjieboek is wat iewers beskikbaar is. Die liedjies word tweestemmig, soos 'n laerskoolkoor met volwasse stemme. Hier het ek nog 'n vraag: Is daar spesiale oefensessies voor die tyd? Want dit klink baie voorbereid.

Die optog begin dan en daar word gesing op pad na die Uniegebou of die munisipaliteitsgebou. Dit hang natuurlik af van die misnoeë en wie daarvoor verantwoordelik is. Tussen die woedende geharmoniseerde gesing is daar mense wat met motorbande rondloop. Duidelik is daar 'n optoggids iewers beskikbaar om seker te maak dat 'n betoging al die nodige elemente bevat. Dit behels nie net halsoorkop besluitneming nie.

Diegene wat by die huis sit en niks het om te doen nie, wil niks mis nie en raak sommer deel van die optog. Die getalle groei. Geen vrae word gevra oor waaroor dit gaan nie. Daar word net saam gesing en geskreeu – dit is asof die liedjies iewers op radio gespeel word. Almal ken hulle.

Die gesang bevat gewoonlik magtige en kragtige lirieke wat dieselfde impak as 'n geweerskoot het. Uitmuntend gekomponeerde werke. Gepas vir die geleentheid. Ek hoop tog die komponis kry ten minste die een of ander soort erkenning.

Die polisie beweeg van 'n afstand af nader en hou die situasie dop. Hulle is baie bewus daarvan dat hulle naas die regering, of wie ook al die optog se teiken is, vyand nommer twee is.

Dan steek iemand 'n motorband aan die brand. Sover is daar nog nie gevaar nie; dit is bloot om te wys dat woede en ontevredenheid die oorhand het. Nou, tussen 'n groep opgewerktes is daar altyd een opgewonde opgewerkte. Dié een sal dan spontaan 'n klip in die rigting van die polisie gooi. Van hier af is dit oorlog. Die polisie maak gereed om aan te val en die mense begin skreeu en hardloop.

Dié wat nie gesien het dat daar iemand was wat die polisie met 'n klip gegooi het nie, dink die polisie val hulle aan. Hulle kry dan ook klippe en begin op die polisie toesak. Meer brandende bande word iewers uitgehaal – goeie voorsorg – en dit word gebruik om paaie te versper. Die polisie word gedwing om hul rubberkoeëls te gebruik om die situasie te probeer beheer. Dit lyk vir 'n oomblik of hulle gaan wen. Die betogers sak dan op die polisie toe met petrolbomme.

Hoe, waar en wanneer die petrolbomme gemaak is, weet geen mens nie. Ek begin dink daar is iewers 'n betogingspakket wat jy koop en waarvan petrolbomme deel is. Hierdie petrolbomme troef dan die polisie se rubberkoeëls. Die polisie word gedwing om te gaan hulp soek, want hulle is te min.

Chaos bars dan los. Die paaie word met rotse, vullis en sommer enigiets versper. Kyk, op dié punt is enigiemand wat nie saam staak nie, 'n vyand. As jy nog dink jy gaan verby die oproer ry en gou melk by die winkel koop, maak jy 'n groot fout. Die klippe sal jou kar tref asof dit reën.

Die bakkiebestuurders loop veral deur. Iewers waar 'n bakkiebestuurder daai voertuig kry, word hy wysgemaak dat die pad aan hom behoort. Dié mense ry mos asof hulle die bou van die pad gesubsidieer het. Hulle toet en hulle flikker en hulle gooi middelvinger. Wanneer dit 120 km/h sê, voeg hulle nog honderd by. Bakkiebestuurders is onverskrokke op die pad en ry natuurlik vol selfvertroue tussen die betogers deur. Hulle ry nie net nie, maar blaas ewe geïrriteerd die toeter en wys met handgebare vir die betogers om uit die pad te kom.

Nou, dit is soos om rugby met 'n byenes te speel. Onthou, tydens 'n staking geld die meeste reëls en wette nie meer nie. Dit is dieselfde mense wat die polisie met petrolbomme weggejaag het en nou kom jy met jou bakkie en toet. Hulle ruk vir jou uit daai bakkie uit, stoot hom om en steek hom aan die brand.

Betogers is lief daarvoor om onskuldiges se karre aan die brand te steek. Daarna beweeg die aksie oor na die geboue. Onthou, almal wat nie saam staak nie, is vyande. Vroeër die dag het hulle koeldrank by 'n winkel gekoop, nou gaan hulle koeldrank vat en sommer 'n klomp ander goed ook, en daarna 'n ander gebou aan die brand steek.

Rook hang soos mis in die lug. Dit lyk soos 'n verlore land. Net wanneer die betogers dink hulle het die oorhand, kom die polisie, maar dié keer baie van hulle. Rubberkoeëls klap. Mense word raak geskiet, mense word gearresteer. Die betogers begin verstaan dat die mag verskuif het. Die polisie het nou weer die oorhand.

Die betogers verander dan van strategie. Hulle raak ontslae van alles wat wys hulle is 'n gevaar en wend hulle tot die media om hulp. Hulle wys vir die media hoe brutaal die polisie met hulle was. Hulle vergeet dat hulle netnou die media ook met klippe gegooi het. Die media is ook as joiners uitgeskel.

'n Mens moet bloot leer om 'n betoging te oorleef. Die grootste reël is: As jy nie deel daarvan is nie, bly weg. Ry eerder daai ekstra halfuurtjie ompad as wat jy glad nie meer kan ry nie want jou kar is verkool.

Partykeer word jy onkant gevang deur 'n optog. Improviseer en keer dat jy 'n slagoffer word. Doen wat jy moet om te oorleef. Stop jou kar eenkant. Klim uit en begin saam toi-toi – met mening. Die betogers moet dink jy is een van hulle en jy het net te laat daar aangekom. Onder geen omstandighede mag hulle snuf in die neus kry dat jy op pad huis toe was en in hulle vasgery het nie. Jy moet dit verkoop asof jy vrugte langs die pad verkoop.

Ek was op pad na Potchefstroom toe ek onverwags in 'n optog beland het. Die mense het gebrand en gegooi. Ek het toe my kar eenkant parkeer, uitgeklim en 'n notaboek uitgehaal. Ek het vir hulle gesê ek is 'n joernalis en ek kom hoor wat hul kant van die storie is. Ek het nie vir hulle gesê ek was op pad om te gaan kuier nie. Hulle het my later laat deurgaan. Die ander karre het gesukkel om iewers te kom. Ek het 'n plan beraam.

Jy moet die optog se brandpunte ken. Jy moet te alle tye weet hoe ver die nonsens van jou huis af is. As dit naby kom, moet jy liefs by jou vriendin in 'n ander dorp gaan tee drink. Dit beteken nie jy gee nie om nie. Jy gee vir eers net om vir jou veiligheid.

Hoewel ek betogers jammer kry, weet ek ook dat hulle genadeloos kan wees. Hulle gee nie om wat jou storie is nie en dat dit nie jou skuld is dat hulle sonder water sit nie. Van jou word 'n voorbeeld gemaak.

Die raadslede word veral duur lesse geleer. Hulle huise word sommer afgebrand. As hulle weet daar is nonsens in hul omgewing, laat spaander hulle. Voor die huise afgebrand word, word dit eers leeg gedra. Banke, yskaste, televisies word met trots uitgedra terwyl die raadslid gaan skuiling soek het. Die jonges is ook baie prominent.

Dis nou ons realiteit. Ek hoop tog daar kom 'n dag dat daar sulke goeie diens gaan wees dat mense nie hoef te staak nie. Die feit dat jy water in jou kraan het, maak jou 'n vyand. Die feit dat jy 'n kar het, maak jou 'n vyand. Die feit dat jy nie sukkel nie, maak jou 'n vyand.

As jy nie saam staak nie, wees ten minste slim en bid die res van die tyd net dat ons regering bykom. Wat meer kan mens doen?

Terwyl ek nou op hierdie onderwerp is: Daar is 'n lys goed waaroor ek wil staak, klippe gooi en motorbande brand. Ek wil ook iewers petrolbomme gooi oor die volgende goed:

Ek sou 'n ryker man wees as ek nie belasting hoef te betaal nie. Belasting is soos om 'n lekker stukkie te wil hap en iemand gryp dit uit jou hand voordat dit in jou mond beland. Belasting is soos om uit te sien na iets lekkers in jou yskas en dan uit te vind dat iemand jou bederfie verorber het en al wat oorbly is krummels. Dit is soos om jou mooiste wit pakkie aan te trek en per ongeluk beet of rooiwyn daarop te mors. Partykeer wonder ek wat is die punt van betaaldag, want na al die debietorders en die belasting voel dit weer soos die einde van die vorige maand. Kan ons niks gegun word nie? Moenie eers vir my sê dat belasting belangrik is om X en Y te doen nie – ek voel 'n veer. Die rede hoekom ek hieroor wil klippe gooi, is omdat ek dit verniet wil hê.

Sekere optogte is geldig en dra gewig, en ander is net omdat mense 'n diens verniet wil hê. My betoging is omdat ek bloot meer geld wil hê aan die einde van die maand sodat ek brandstof kan betaal, en dan sal ek dit miskien oorweeg om e-tol te betaal. Ek moet elektrisiteit betaal en eet. Ek wil lekker eet sodat ek rond kan word. Op dié stadium sukkel ek om rond te word want ek gee my pasteigeld vir belasting. Met daai ekstra geld kan ek ook meer modieus lyk. Ek kan nie elke dag soos 'n Throwback Thursday of 'n Flashback Friday lyk nie. In elke tweede foto van my op sosiale media het ek dieselfde klere aan. Ek moet deesdae kreatief raak met die kamera sodat die hemp wat ek twee foto's gelede aangehad het, verdoesel word.

Ek wil op vakansie gaan en wanneer ek op vakansie is, wil ek nie worry oor hoeveel geld ek spandeer nie, want my bankrekening moet so vol wees soos my maag op my duur vakansie.

Ek is tans besig om hieroor te toi-toi. "Genoeg" staan daar op my plakkaat, en ek het 'n motorband wat kwyl om gebrand te word. Ek is moeg om belasting te betaal. 'n Verhoging is nie meer iets om oor opgewonde te raak nie, want al wat dit beteken, is meer belasting.

Belasting is inderdaad iets waarmee almal belas is. Beskuldig my maar van onredelikheid as jy belasting wil betaal. Dra asseblief hierdie las vir ons almal. Want rubberkoeëls gaan klap om my te stuit as dit nie vinnig verwyder word nie.

Dan wil ek oproer maak oor hierdie nonsens van motorlisensie hernu. Watse kakkerlak is dit? Ek het in 'n ry gaan staan om 'n toetsdatum te kry vir my leerderslisensie, geld uitgegee en hom gedruip; toe weer in 'n ry gaan staan om die toets 'n tweede keer te gaan skryf. Ek het hom gelukkig toe geslaag en weer moes ek betaal. Daarna moes ek by 'n bestuurskool inskryf sodat hulle my kan leer om volgens die K53 te bestuur. Ek het my nek so baie gedraai dat ek skoon soos 'n windpomp gevoel het. Die K53-besigheid wil mos hê jy moet alles sestig keer check voor jy gaan ry, terwyl jy ry, en wanneer jy stilhou. Ek is verbaas jy moet nie kort-kort na die dak kyk om seker te maak dit is nog daar nie. Vir dié bestuurslesse moes ek ook opdok. Daarna moes ek my bestuurslisensietoets gaan doen. Een van die stresvolste toetse naas die alkoholblaastoets. En nog geld moes uitgegee word. Nou wil julle vir my sê ek moet my lisensie hernu? Weer in 'n ry staan? Weer betaal?

Ek is nog besig om my geel karretjie af te betaal en nou word ek soos 'n rosyntjie gemelk tot ek niks oor het nie. Wil die regering nie hê ons moet mooi goed besit nie? Is dit hoekom hulle dit aan ons doen? 'n Rots gaan na hul kant toe vlieg. Ek betoog nou amptelik hieroor ook.

Dan die televisielisensie. Hoekom? Die minste wat ons kan kry, is gratis vermaak. Ek weet nie hoekom ons hiervoor ook moet betaal nie. Ek moet steeds my TV-lisensie betaal al het ek nie meer 'n televisie nie. Ek kry dreigende sms'e oor wat met my gaan gebeur as ek nie betaal nie. Ek het so lank terug TV gekyk, want die flieks wat gewys word is so oud soos die ark. Die reekse wat nou gewys word, het ek twee jaar terug gestream. Nou moet ek betaal? Ek voel skoon soos 'n adverteerder. Ek dog dit is waarvoor hulle daar is; *hulle* betaal die groot geld. Wat gaan my paar sentjies nou help? Nee! Verwag maar plakkate.

Verkeer. Ek gee nie om hoe belaglik dit klink nie, maar ek verdien om in vrede werk toe te ry en terug. Bou ekstra paaie, maak 'n plan! Ek voel dit is ook die regering se werk om seker te maak dat die verkeer beter vloei. Die rede hoekom ons op die paaie is, is om geld te maak sodat ons belasting en al die lisensies kan betaal. So die regering kan ten minste sorg dat ek vinnig by die werk kom en weer by die huis ook. As ek nie rus nie, kan ek nie produktief werk nie. Alles het 'n rimpeleffek.

Dit kos slegs een trok om in die middel van die snelweg stil te staan. Dit is die verskil tussen veertig minute en twee uur op die pad. Ek voel in so 'n geval moet daar ingrypingsaksies wees om die trok in minder as tien minute te help. Daar is mos opgevoede mense iewers wat flink en vinnige oplossings het – sien, ek kla nie net nie. Ek soek ook oplossings. Ek verwag wragtig dat iets omtrent die verkeer gedoen moet word, anders gaan daar meer verkeer wees weens my brandende motorband wat die pad versper.

Die selfoonmaatskappye verkul ons ook lekker. Deesdae kan jy net "hallo" sê, dan is jou belgeld op. Om nie eers te praat van data nie. Dan is daar hierdie duur kontrakpakkette. Al wat jy basies het is 'n foon, maar jy kan min daarmee doen. Vergeet hulle ons is 'n Derdewêreldland met rommelstatus? Ek verwag dat hulle pryse moet aanpas sodat ek gemakliker met my mense kan kommunikeer. Dit help nie jy sit met 'n mooi selfoon en kan niks daarmee doen nie. Hieroor wil ek beslis toi-toi. Genoeg is wragtig genoeg. Te lank het ons stilgebly. Brand 'n band of 'n selfoon, of eerder nie. 'n Band is goed genoeg.

Ek het 'n langer lys versoeke wat ek na die president se kantoor sal stuur. As daar nie iets daaromtrent gedoen word nie, is daar moeilikheid, groot moeilikheid in die vorm van 'n rots.

Sosiale media, die nuwe parkies

Facebook, Twitter, Instagram en kie is die hedendaagse parkies; daar loop jy mense raak. Baie goed word oor sosiale media gesê, maar ek is mal daaroor. Dit herinner jou aan almal se verjaarsdae, dit hou jou in kontak met mense wat jy lanklaas gesien het. Jy kan spog met jou lewe, of dit regtig is of nie. Dit hou jou op hoogte van wat in die wêreld aangaan. Dit is die mees onsosiale sosiale plek. Ek like dit.

Sosiale media het geboorte gegee aan twee soorte mense: die gladdetonge en die adverteerders.

DIE GLADDETONGE

Jy dink jy ken Santie vir wie jy gereeld in die kerk se voorportaal raakloop. Sy is 'n tipiese tannie. Sy is mal oor haar blomuitrustings, het een in elke kleur en van elke blom. Haar hare is altyd gekrul en het hier en daar 'n pers strepie in vir karakter. Haar twee seuns is haar trots. Boetjan en Ruben. Boetjan is getroud en Ruben het nog nie die regte meisie ontmoet nie, sê sy vir almal. Sy dra 'n foto van haar seuns in haar handsak om vir mense te wys as die onderwerp van kinders ter sprake kom.

Bak kan sy brou. Van malvapoeding tot vetkoek. Sy maak seker dat die kos altyd gereed is vir manlief of "pa", soos sy hom noem, wanneer hy by die huis kom. Manlief is 'n man van min woorde. Aan die begin van hul verhouding was hy charismaties en vol grappe, maar nou kom daardie deel net uit as die brandewyn uitgehaal word. Met Santie praat hy net wanneer dit nodig is. Sy vra vir hom hoe sy dag was. Hy gee 'n kort antwoord terwyl hy sy kos eet; sy oë bly op die bord.

Dit is net hulle twee. Boetjan bly in die stad en Ruben studeer in Pretoria. Santie is die een wat die gesprek aan die gang hou. Sy vertel in kleur en geur van Dora, haar buurvrou, se dogter wat die pad byster is. Santie wil daai meisiekind nie naby haar Ruben hê nie. Sy wens so dat Ruben 'n meisiekind huis toe kan bring. Haar grootste droom is dat Boetjan en sy vroutjie kinders kan kry.

Santie is op die oog af 'n gewone vrou. Santie het ongelukkig ook Facebook. Sy het net onder sewentig vriende. Haar profielfoto is dof en is so vier jaar terug geneem. Haar voorbladfoto is een van 'n duif met 'n motiverende boodskap of 'n vers. Op Facebook is sy aktief. Sy is ingeteken op al die Afrikaanse nuusblaaie. En sy hou daarvan om haar opinie te lug, so asof sy nie besef dat haar naam en foto daar is nie. Daar noem sy 'n ding by die naam. Sy snou mense ook graag goed toe. Sonder skroom, sonder skaamte. Sou jy vir Santie ontmoet, sou jy nooit sê sy sal sulke goed voor mense kwytraak nie.

As sy 'n berig raak lees oor twee mans wat getrou het, sal sy nie skroom om by die kommentaardeel op Facebook te skryf nie: "Sies. Moffies."

Sy geniet die berigte oor stakings waar die mense met rubberkoeëls geskiet is. "Dis reg. Skiet hulle," sal sy skryf met 'n glimlag-wat-wink-emoji.

Ek het nog altyd gedink wysheid kom met die ouderdom. Ek het impulsiewe en onvanpaste opmerkings van die jeug verwag, maar dit blyk al hoe meer op sosiale media dat wysheid met die jeug kom en die ouderdom mense impulsief maak. Die tannies en ooms se tonge is los op publieke nuusblaaie. Die wag voor die vingers slaap lankal.

Almal het hul eie opinies, en wat jy agter toe deure van iemand of 'n saak dink, is jou besigheid en het niks met enigiemand uit te waai nie. Facebook is egter nie agter toe deure nie. Jou naam, van, gesig, dorp, ensovoorts, is daar. Selfsensuur is iets wat ek self maar vroeg op Facebook aangeleer het.

Daar was 'n hele paar keer dat ek iets wou sê en dit begin tik het en toe heroorweeg het. Hiermee sê ek nie verander jou opinie nie; 'n luiperd se kolle is permanent. Ek sê oorweeg die aanslag. Die jonges het dit al bemeester, maar die oueres sukkel nog.

Wat ek wel sterk wil aanmoedig, is sosialemediagevegte. Dit verskaf oneindige genot. Dit moenie polities wees nie, want dit is vervelig. Die persoonlike gevegte is die beste leesstof. Dit is smaakloos, maar heerlik.

Ek het een gesien waar 'n meisie 'n ander een aanvat oor die tipe foto's wat sy op Facebook plaas. Die een was nie gelukkig dat die ander een halfkaal foto's van haarself pos nie – in haar kostuum. "Facebook is nie 'n porn site nie," het sy geskryf. Die ander een het teruggekap met: "Is jy jaloers?" Van daar af het dit 'n boeiende katgeveg geword. Ons mense is maar wrede goed. Ons verlustig ons in ander se dramas. Dit is hoekom ons deesdae van die parlement hou, want dit word 'n realiteitsprogram gevul met oneindige drama. So voel ek oor die gladdetonge wat mekaar so op Facebook bykom vir die hele wêreld om te aanskou.

Ek was nog nooit een vir Facebook-gevegte nie. As dit lyk of iemand op sosiale media met my wil baklei, verwyder ek hulle een-twee-drie. Tyd daarvoor het ek mos nou nie. Ek glo mense moet pos wat hulle wil en as jy nie daarvan hou nie, is dit mos beter om jouself te verwyder as om argumente te begin. En om jou argument te tik, verg nog meer moeite. As ek dus 'n foto plaas waarvan jy nie hou nie, hou daai smoel en verwyder my.

Hiermee raai ek egter nie die ander mense af om te stry nie. Doen so voort – ek lees graag. Ek raai egter mense af wat alles-fobies en -isties is.

DIE ADVERTEERDERS

Wie nie bemark nie, verkoop nie. Of hoe? Ons almal is in sekere mate adverteerders; watter ander rede kan daar wees vir die foto's wat ons plaas? Wie wil nou foto's van die slegte opsit? Op sosiale media is daar drie goed wat altyd geadverteer word: lywe, weelde en verhoudings.

Ek moet sê, ek het baie respek vir diegene wat soggens vroeg opstaan om gimnasium toe te gaan en te gaan sweet. Ek maak my verskyning in die gimnasium so nou en dan, soos 'n tussenseisoenverkoue. Dit is die plek waar selfbeelde gesloop word. My haatgevoelens vir die plek word elke keer uit die dood opgewek. Ons almal kry mos 'n motiveringsaanval en besluit van interval tot interval dat dit tyd is om die lyf soos klei te hervorm. Dit is nie maklik of lekker om dit vol te hou nie. Ek het daarom groot respek vir diegene wat dit wel regkry.

As jy so 'n oefenrot is, wil jy graag hê mense moet jou harde werk raaksien, anders sweet jy soggens verniet en net vir jouself. Daarom neem jy foto's van jou lyf. Dit is beslis nie genoeg dat jy net foto's van jou lyf neem nie. Jy publiseer dit ook op sosiale media. Die lyf-spoggers besef mense gaan begin dink hulle is arrogant en baie van hulleself dink as hulle die foto's net so opsit. Hulle het 'n slimmer manier gekry om dit te doen.

Hulle skryf gewoonlik 'n motiverende boodskap wat meestal niks met die foto te doen het nie. Soos: "Vergewe en vergeet. Die lewe is te kort." Die foto wat dan by die skrywe kom, is van Louis in sy onderbroek terwyl hy sy armspiere voor die spieël wys. Chantelle plaas 'n foto van haar in haar bikini waar sy poseer asof dit die voorblad van *FHM* is. Die skrywe by die stoute foto is dan: "Wees vriendelik met almal. Wat jy saai, sal jy maai." Absoluut niks met die foto te doen nie.

Ons almal weet jy wou net jou lyf vir ons wys. Ek oordeel nie, jy mag. As ek ook so een gehad het, sou ek dit beslis gedoen het. "Die lewe is te kort" om beskeie te wees. Ek dink egter die tegniek is baie voorspelbaar, maar seker effektief.

Die rykes probeer nie eers hul foto's meer subtiel maak met 'n mooi opskrif nie. Daarvoor het hulle nie tyd nie. Hulle publiseer foto's van hulleself voor hul nuwe karre met opskrifte soos: "Ek het myself bederf." Daar is geen ompaadjies nie. Jy weet dadelik dat hulle ryk is, want hulle wys jou. As hulle nie self ryk is nie, sal hulle jou inlig dat hul wederhelfte die ryk een is: "My lief het my bederf," sal hulle vir jou sê. In iedere geval sal jy weet daar is geld betrokke, of dit hulle s'n is of nie. Hulle rol daarin.

Dit is moeilik om kwaad te raak vir jou ryk Facebook-vriende. Ja, jy is 'n bietjie jaloers en wens hulle wil ophou, maar jy besef ook dit is belangrik om baie ryk vriende te hê. As hulle jou vir ete nooi, kan jy "per ongeluk" jou beursie by die huis los. As betaaltyd kom, maak jy asof jy so skuldig voel as hulle aanbied om te betaal. Jy voel egter nie regtig sleg nie, want jy weet dat hulle in die geld rol.

Vir diegene wat lief is daarvoor om hul rykdom op Facebook te adverteer: Moet onder geen druk voel om op te hou nie. Poseer met jou vliegtuig op die agtergrond. Ons wil jou luukse vakansies in detail sien. Neem en plaas sjampanjefoto's van jou in jou duur boot. So kan ons ook 'n voorsmakie kry van hoe dit is om lekker te lewe. Dit is veral belangrik om te weet hoe ryk jy is sodat ons wat nog na die kettingwinkels uitsien, kan weet ons moet vinnig 'n plan maak en met jou vriende word. Ons wil ook in jou foto's van die ryk lewe wees. Julle kan nie genoeg adverteer nie.

Dan is daar diegene wat hul verhoudings adverteer. Dit is eers oulik en dan raak dit vinnig ou nuus. Die eerste pos wat ons sien, is dat julle in 'n verhouding is. Dit is oulik, ons is bly vir julle en ons hou van die pos. Dan volg 'n reeks foto's van julle by restaurante, in die parkie, ensovoorts. Dit is nog draaglik. Dan volg jul eerstemaand-herdenking met 'n foto en 'n boodskap.

Miskien is ek nie romanties genoeg nie, maar as dit 'n mylpaal is om 'n maand saam te wees, moet julle bekommerd wees. Dit is letterlik net dertig of een-en-dertig dae. Dit is kort. Dit is nie 'n prestasie om so lank uit te gaan nie. Na so 'n pos raak julle vervelig en voorspelbaar. Niemand gee om oor jul eerste vakansie saam nie. Niemand voel 'n veer oor hoe julle mekaar heel maak nie. Moenie lieg nie, jy het geluk geken voor jy daai persoon ontmoet het. Ek herinner julle, dis nog net 'n maand.

Dan volg 'n reeks lukrake poste oor hoe wonderlik gelukkig julle met mekaar is. Van Maandag tot Vrydag. Tussenin is dit foto's van hoe julle roomys eet en hoe fantasties roomys is as jy dit saam met iemand eet vir wie jy lief is. Roomys bly lekker, alleen of saam met 'n saal vol mense. Natuurlik gaan julle 'n foto van jul piekniekmandjie plaas voor julle gaan piekniek hou. Om welke rede? Ons weet julle is saam en doen goed saam. Dit maak tog sin. Ons kry die boodskap.

Ek dink die liefde is mooi en ek sou gedink het jul piekniek-mandjie is oulik as julle nie alles bederf het deur 'n maand saam te herdenk nie – dit is letterlik flippen kort. Dit. Is. Nie. 'n. Prestasie. Nie – dis lae standaarde. Uit al die Facebook-advertensies is dit beslis die swakste. Wees beter.

Gesprekke oor geslag

Kom ons voer ernstige gesprekke oor mans, gays, vroue en lesbiërs. Ek moet julle waarsku dat ek nogal onregverdig is teenoor mans, en dit sluit gays ook in. Ek het aan mooi goed oor mans probeer dink, maar al waarmee ek vorendag kon kom, is dat mans ten minste fisiek sterk is. Ek weet nie, is dit 'n kompliment? Vroue en lesbiërs, ek het probeer om iets negatiefs te soek, maar dit was moeilik. Ek like julle.

MANS

Die man. Die alfafiguur. Die leier. Die jagter. Die antagonis.

Ons word gebore met 'n rol om te speel. Wat tussen ons bene is, bepaal onder watter reëls ons val. Wat ons identiteit moet wees. Dit is nou voordat ons self 'n bydrae kan lewer oor wie ons wil wees. Daar is reeds 'n stel verwagtinge. Hier is die reëls:

Die ideale man moet lank wees. Ja, lengte is 'n teken van outoriteit. Mense moet opkyk na jou. Dit is visuele gesag, is dit nie? Die verwagting is dat die man altyd langer as 'n vrou moet wees. Hy is tog die alfafiguur, die leier. 'n Vrou wat langer as die man is, is nie iets waaraan die oog gewoond gemaak is nie. Sy moet dan plat skoene dra sodat sy nie bo hom uitstyg nie.

Die man moet breë skouers hê. Dit is tog sy taak om te beskerm; daarom moet hy lyk asof hy dit kan doen. Sy skouers is soos 'n skild. Wanneer daar oorloë is, moet die man vir sy land veg. Onbevrees.

Die man mag nie 'n teken van angs toon nie, want dan is hy nie 'n man nie. Hy moet te alle tye braaf wees, en dit mag nie 'n front wees nie. As 'n ander man met sy vrou flankeer, moet die man ook sterk genoeg wees om die ander te moker. Om sy besitting, wat die vrou is, te beskerm. Geweld is 'n teken van mag.

Die man mag emosie wys. Hy mag kwaad word en soms glimlag, veral as die vrou wat hy vra om te trou, ja sê. Hy mag gefrustreerd en geïrriteerd wees, veral as sy gunsteling-sportspan verloor. Hy mag seker ook hartseer wees, maar dit is 'n teken van swakheid. Dit word nie aangeraai nie. Hy kan pyn voel, maar dit is beter dat hy dit nie wys nie. Die man is die fondasie. Hy is die pilaar. Hy loop voor. Hy is die leier.

Dis *hy* wat die deur vir sy nooi oopmaak. *Hy* moet haar vra om te trou. *Hy* moet hulle onderhou. Sy moet *hom* gehoorsaam.

Die man is 'n jagter. Meisies word van jongs af teen hom gewaarsku. Sy oë dwaal heeltyd en sy kop is vol seksuele gedagtes. Hy glo aan seks elke twee minute, of is dit sekondes? Die vrou moet 'n langer rok aantrek, oor die man. Hy het nie selfbeheersing nie. Hy swig maklik voor die mag van 'n vrou. Die kanse dat hy haar sal verneuk is goed, maar mans is maar mans. Hy kan nie help hy het hierdie drang nie. Sy het dan 'n kort rok aangehad en vir hom geglimlag. Wat moes hy doen? Hy is magteloos teen haar seksuele krag.

Dié beskrywing van die man klink baie naby aan 'n dier s'n. Is dit hoekom ons soms varke genoem word?

Iemand het vir my gesê die teenoorgestelde van 'n feminis is 'n chauvinis – maar dis nie akkuraat nie.

Is dít dan die beeld van die man? Dat ons honde is? Die wêreld se grootste antagoniste? Dat ons chaos veroorsaak waar ons gaan? Konstant met mekaar baklei en ander verkrag?

Ek was saam met vriende in 'n kuierplek in Potchefstroom. Skielik het 'n man my gestamp en vir my gesê ek moet ophou met sy meisie dans. Dit was nuus vir my, want ek het nie eers geweet ek dans nie. Nou kom sê meneer ek dans met sy meisie. Ek het nie eers geweet wie sy meisie is nie. Ek het letterlik gestaan en met my vriende gesels (ek is buitendien ook nie 'n bedreiging vir hom nie). Ek het toe verskoning gevra en wou vir hom sê dat ek nie met sy meisie gedans het nie. Hy het sy humeur verloor en vir my gesê ek moenie met hom praat nie. Ek het hom gelos en weggestap.

Ek is ook al 'n hele paar keer deur ouens uit die pad gestamp by kuierplekke – ek dink ek kuier te veel. Ek is eerlik bang vir 'n dronkerige man, want drank bring 'n ongegronde aggressie mee.

Ek sal mos nooit droom om 'n ander vir niks te slaan nie. Dit kan nie iets vir die ego doen om iemand anders leed aan te doen nie. Dit verg te veel moeite om te baklei. En daar is altyd die moontlikheid dat jy erger af gaan wees as die ander persoon. En dit bederf net almal se aand as jy nou gaan appels rol.

Dit kan tog nie die ware definisie van 'n man wees nie. 'n Man moet tog weet wie hy is sonder om dit te probeer bewys. Of is ek verkeerd?

My droom vir mans is dat ons ophou om so ingeboks te wees.

Mans moet kort rokke dra – mansrokke. Wie sê dit moet net 'n vroueding wees? Dit maak tog sin, veral in die somer. 'n Rok verskaf heerlike ventilasie en verkoel wat verdoesel is. 'n Rok is ook baie gemaklik en eenvoudiger om aan te trek as 'n denim. Die meeste mans, groot of klein, het mooi bene. Hoekom moet dit weggesteek word? Jou bates is daar om ten toon gestel te word; wat help dit jy het trofeë en jy steek hulle weg? Almal moet sien en weet.

Daar is min dinge so manlik as om gemaklik te wees in jou eie vel. Niemand behoort vir ons voor te skryf hoe ons moet leef nie. Ons hoef nie lank te wees met breë skouers nie. As jy verlief raak op 'n vrou wat langer as jy is, laat haar hakskoene dra. Net omdat mense aan iets gewoond is, beteken dit nie dit is reg nie. Ons mag alle emosies wys, want ons is mens. Mans is nie diere nie. Ons kan onsself beheer. Vroue hoef nie bang te wees naby mans nie. Ons hoef nie op elke impuls te reageer nie. Anders hoort ons in hokke.

Ons is mens. Ons is slim. Ons is mans.

VROUE

Hoekom mag jy nie 'n slet wees nie?

Dit is baie maklik om 'n vrou 'n slet te noem, en dan moet sy sleg voel daaroor. Se alie, man. Vriendin, moenie jou tyd daarmee mors nie. Dra daai slet-titel asof dit 'n bra is. As iemand jou 'n slet noem net omdat jy graag kuier en rompies dra, sê dankie.

Hoekom moet jy 'n man inwag met 'n warm bord kos en 'n skoon huis? Daar is absoluut niks verkeerd met vroue wat dit doen nie, maar dit beteken nie *alle* vroue hoef dit te doen nie. 'n Vrou hoef nie te kan kook nie. As jy op wegneemetes of Woolworths-kos staatmaak, het jy mos 'n lekker oplossing gekry. 'n Vrou hoef nie van stryk te hou nie.

Hoekom mag jy nie vloek nie? Jy mag mos kwaad raak. Jy kan jou uitdruk net soos jy wil – dit is mos jou mond. Hoekom moet jy glimlag as jy 'n aar gaan laat bars? Laat dit alles uit, vriendin. Onderdrukking is sleg vir die siel.

Ek was die enigste man in my honneursklas. En van daardie vriendinne kon lekker kru taal gebruik as hulle gefrustreerd was. Dit is immers húl monde. Hulle hoef nie soos die vroue in 'n seep-advertensie te wees nie. 'n Vrou het die reg om bar te wees as sy wil.

Van die universiteite se koshuise verbied vroue om uit 'n bottel te drink, want dit is nie hoe 'n dame maak nie. 'n Dame gooi eers haar drankie in 'n glas en drink dit dan sluk vir sluk. 'n Dame is in toom en op haar plek. Sy is te alle tye die toonbeeld van die ideale vrou. As jy 'n dame wil wees, doen dit gerus. Jy *hoef* beslis nie een te wees nie. Net omdat jy jou nie as 'n dame klassifiseer nie, beteken dit nie jy is nie 'n vrou nie. 'n Vrou is nie noodwendig 'n dame nie, hoewel 'n dame 'n vrou is.

As 'n feminis voel ek dat die reëls wat deur die samelewing vir vroue gemaak is, baie onderdrukkend en onregverdig is.

Daai advertensies in negentien-voertsek wat 'n vrou raad gegee het oor hoe om haar man te hanteer, is so skokkend, dis eintlik snaaks. Die vrou is aangeraai om nie haar man te veel vrae te vra wanneer hy terugkom van die werk nie, want hy is moeg en sy moenie 'n las vir hom wees nie. Sy moet seker maak hy is op sy gemak wanneer hy by die huis kom. Daar was 'n lys goed wat 'n vrou moes doen om die man gemaklik te maak. Ek is jammer, maar het jy met hom getrou om sy slaaf te wees? In die liefde is almal mos gelyk. Daar moet genot en plesier vir albei wees. Weereens sien ek nie neer op diegene wat daarvan hou om hul wederhelftes te bedien nie, maar niemand *hoef* dit te doen nie.

Ons sit almal om die tafel, en iemand vloek. 'n Man staan op en sê jy vloek nie so voor 'n dame nie. Hy tree in as die gentleman om die weerlose vrou teen die wrede taal te beskerm. Toe vra ek hoekom hy gevoel het hy moet namens haar praat asof sy hulpeloos is. Daar is baie mans wat nie daarvan hou as mense voor hulle vloek nie, en hulle sê dit. Hoekom moet 'n man namens 'n uitgesproke, volwasse vrou praat? As sy nie daarvan hou as mense voor haar lelik praat nie, kan sy dit mos sê? As sy nie 'n probleem daarmee het nie, hoef niemand namens haar te praat asof sy 'n kleuter is nie.

Die meeste van die skoner geslag wat ek ken, hou nie daarvan om hulle met die damesalf te smeer nie. Dié woord sit nie soos Dove op almal nie, maar gee party eerder 'n woedeuitslag. Ek het vroue in die verlede graag met dié salf gesmeer. Erg geoordeel as 'n vrou iets doen wat dames nie behoort te doen nie.

My oë het wel oopgegaan en ek het begin verstaan daar is tee-én tequila-susters. Teesusters is die dames. Hulle eet graag koek en drink tee saam met hul vriendinne en ruil graag gesinstories uit.

Dan kry jy die tequila-susters, wat alkohol soos kraanwater drink en gatswaai tot die son môresê. Daar is baie tussenin ook. Ek sien myself as 'n aktivis vir al die susters.

'n Vrou kan wees wie sy wil en hoef nie die hoëhakskoene aan te trek wat die gemeenskap haar gee nie. Ek klink skoon soos 'n vrouebemagtigingsliedjie. Dames, skink maar die teetjie. Nie-dames, haal die suurlemoen uit en gooi vir ons 'n tequila of drie in. As hulle ons oordeel, brand ons 'n bra.

Vroue, vriendinne, susters, Evas. Julle is hemelgebakte poeding. Julle is manna (of eerder vroua) uit die lug. Julle is water tydens 'n wedren. Julle is 'n Myprodol tydens babelas. Sonder julle op die ronde huis van die mensdom sal dinge skeef wees. Baie skeef. Ek wil julle só komplimenteer dat julle skoon gefopdos lyk. Ek wil nie net 'n loflied sing nie, maar 'n lofalbum opneem. Ek gaan julle so vet voer met mooihede, dit gaan op jul heupe sit. Hoekom? Want julle haal die "luk" uit misluk en sit dit in geluk.

Julle hoef nie te wees wat die wêreld van julle verwag om te wees nie. Julle kan dans. Julle kan aantrek wat julle wil en wanneer julle dit wil aantrek. Julle het nie mans nodig om namens julle te praat en sommer vir julle keuses te maak nie. Respek moet aan alle mense betoon word, en nie net deur vroue aan mans nie. Julle is nie broei-kaste nie. Julle is mense met jul eie wil en eie drome.

As iemand jou 'n slet noem, sê dankie – eerder 'n slet as 'n slaaf.

GAYS

Vyf gay mans sit om 'n tafel en kuier. Een en Twee is al drie weke in 'n verhouding – wat lank is. Hel, om 'n dag saam te wees sonder dat een se oog dwaal is 'n prestasie. Dit is 'n wilde veralgemening – maar as die skoen pas...

Kom ek gee agtergrond. Gay mans se verhoudings is lank wanneer dit langer as 'n maand hou. Ses maande is 'n prestasie en 'n jaar is 'n wonderwerk. Dit is natuurlik sonder dat een die ander verneuk. Dié wat nie hul hande in hul sakke kan hou nie, tel nie. Ek ken gays wat al 'n jaar of meer saam is, maar hulle het al die hele dorp se gays deur-geloop. Dié wat hul hart en broek slegs aan een persoon gee, is baie min. Ek is nie 'n pessimis nie en natuurlik wil ek nie ons gays in 'n slegte lig stel nie, maar die susters weet hoe om te hoer en te rumoer.

Mans het klaar 'n reputasie oor hul verhoogde kooigewoontes; stel jou nou net voor as daar twee is. 'n Gay is ook 'n aandagvraat en gaan nie die aandag wat hy van 'n ander man kry onbeloon laat nie. As daar oogkontak gemaak word, moet daar geproe word.

Soos ek gesê het, Een en Twee is al drie weke in 'n verhouding en dit voel vir hulle al soos ses maande. Drie en Twee is baie goeie vriende en het al 'n paar keer gesoen. Drie is eintlik verlief op Een. Vier en Een het mekaar al vantevore op 'n maatsoek-webwerf vir gays ontmoet en gekonkel. Hulle was verbaas om uit te vind dat hulle albei vir Twee ken. Twee weet nie van Een en Vier se geskiedenis nie. Een en Vier is ongemaklik in mekaar se geselskap, maar verdoesel dit. Vier is goeie vriende met Drie en dit is hoe Twee hom ken. Daar het nog nie iets tussen Drie en Vier gebeur nie. Vyf is Een se beste vriend; hulle het al een keer gevry. Vyf is erg aangetrokke tot Twee, maar Twee is saam met Een. Twee is wel bewus dat Vyf van hom hou – die kyke wat hy kry, is 'n goeie aanduiding. Vier vind Vyf erg aantreklik en hoop daar gebeur die aand iets tussen hulle.

Die vyf mans drink, kuier lekker en raak jolig. Een en Drie maak die vuur vir die braaivleis – en gesels 'n hond uit 'n bos uit. Hoe meer Drie met Een gesels, hoe meer verlief raak hy. Hy probeer homself egter in toom hou, hoewel sy hart vinniger klop en hy nie na 'n woord luister wat Een sê nie, want hy is betower deur Een se lippe.

Twee, Vier en Vyf sit binne en gesels terwyl hulle die bykosse reg kry. Vier probeer sy bes om met Vyf te flankeer. Hy lag vir sy grappe, maak dubbelsinnige opmerkings en laat die oë die praatwerk doen. Vyf kom dit agter, maar stel nie belang in Vier nie, want hy wil vir Twee, wat in 'n verhouding met sy vriend Een is, hê. Vyf gaan badkamer toe. Vier bieg teenoor Twee dat hy van Vyf hou. Twee moedig Vier aan om by Vyf aan te lê. Vyf kom terug van die badkamer af. Twee verwyder homself om vir Vier en Vyf tyd alleen te gee. Vier en Vyf gesels vir 'n rukkie. Vier soen vir Vyf. Vyf is nie mal oor Vier nie, maar soen hom tog, want Vyf is immers 'n man. Vyf knip hul soen kort en gaan sluit by die res aan. Vier hoop om later nog te kry.

Die vyf gays smul en daarna kuier hulle tot dit middernag is. Een is moeg, beduie vir Twee dat hy gaan slaap. Hy soen Twee nag. Hy en Vier groet mekaar ongemaklik. Een beweeg bed toe. Drie is teleurgesteld. Twee is egter nog nie lus om saam met Een bed toe te gaan nie. Twee gesels lekker met Vyf. Vier wil egter hê Twee moet gaan sodat hy met Vyf kan gesels en hom weer kan soen. Vyf wil nie; hy het klaar vir Vier gesoen en kan hom byvoeg as nommer 156 op sy lys van mans wat hy gesoen het. Vyf is egter opgewonde oor Twee wat nie saam met Een in die bed gaan klim het nie. Vyf en Twee gesels heerlik. Vier moet noodgedwonge saam met Drie kuier. Drie en Vier besluit maar hulle gaan in die gastekamer slaap. Niks gebeur tussen hulle twee nie.

Vyf en Twee is alleen. Vyf sien dit as die perfekte geleentheid. Vyf begin aan Twee vat. Twee word in die versoeking gelei. Al slaap sy kêrel in die kamer langs die kombuis. Vyf raak meer opgewonde as dit lyk asof Twee gaan swig. Hy mik vir 'n soen, maar Twee keer. Beduie hy gaan nou slaap. Twee het sterk gestaan en sy verhouding gered.

Twee besluit om langs sy kêrel Een te gaan inkruip. Vyf gaan slaap in dieselfde bed as Drie en Vier. Vier is opgewonde. Hy het egter 'n nood en besluit om te gaan piepie. Hy los vir Vyf en Drie alleen in die bed. Die twee wat nie 'n oog op mekaar gehad het nie, begin kafoefel.

Vier loop onskuldig in die badkamer in en kry Een daar wat intussen uit sy bed geklim het om te gaan urineer. Vier en Een skuur teen mekaar terwyl hulle verby mekaar stap en sonder wroeging gryp hulle mekaar en vry mekaar voos. Twee, wat die keuse gemaak het om nie te verneuk nie, lê niksvermoedend in die bed. Dink sy kêrel Een het net gaan piepie.

Vier gaan terug na sy kamer toe en is verbaas om te sien dat Drie en Vyf nie daar is nie. Hulle is in 'n ander kamer met die deur gesluit. Vier, wat pas vir Een voos gevry het, is teleurgesteld dat die twee hom uitgesluit het.

Een is weer in die bed met Twee met sy arms om hom, geen skuldgevoel nie, eerder 'n glimlag van tevredenheid. Twee is dankbaar dat hy 'n kêrel soos Een het – dit is nou drie weke en een dag dat hulle saam is.

Dit is die verhaal van die gays. Die verhaalspens van ouens wat mekaar verneuk terwyl hul geliefde in die kamer langsaan is, is vol. Gays is meer geneig om oor te gee aan hul impulse en begeertes. Almal ken mekaar, want almal het mekaar al gehad.

Apps soos Grindr help ook dat almal mekaar so goed ken. Dit is 'n app wat vir jou sê watse gay naby jou is, dan kan jy vir jou vinnig 'n kitsstukkie kry en loop. Dit is amper soos Tinder, maar net vir mans, en 'n rapsie wilder.

Van die vroue wat aan 'n studie deelgeneem het, het 85 persent erken dat hulle getrou is aan hul wederhelftes. Dit beteken 15 persent is ontrou; 75,5 persent van alle mans het erken dat hulle getrou is aan hul vroue of meisies. 'n Skokkende 4,5 persent van gay mans het erken dat hulle getrou is aan hul mans of kêrels. Ons kon nie eers 5 persent haal nie. Die kanse dat iemand jou gaan verneuk in 'n gay verhouding is dus 95,5 persent. Hoekom soek gay mans dan liefde? wonder ek toe.

Ek weet dit geld nie vir almal nie. Daar is gay verhoudings wat hou en wat so sterk soos 'n rots is.

Ek probeer my bes om nie negatief te wees nie. Wat is ons voorland as gay mense? Om in en uit verhoudings te wees tot die gemeenskap 'n mens verwerp omdat jou voorkoms gekwyn het? Jeug is 'n obsessiewe aspek van die gay leefstyl. Mans probeer hul bes om daaraan vas te klou. 'n Sestigjare gay man het vir my gesê hy is 'n jong man in 'n ou man se lyf.

Die gay-klubs is vol van die ooms met help-my-sterk-lyk-hemde wat jong laaities probeer optel. Om veertig te wees en saam met 'n spul tieners en twintigers in klubs rond te hang, is mos 'n hartseer vooruitsig.

Is dit dan wat vir 'n gay man voorlê? Gaan ons aanhou jag en na iets beters, jongers en mooiers soek tot die dag dat ons sterf? Gaan ons nooit rus kry vir ons siele nie? Die lewe kan tog nie so oppervlakkig wees nie. Daar moet tog meer wees. Sê asseblief dat daar meer is...

Kleintyd forseer jy jouself reguit. Jy weet al van jongs af dat jou paadjie skeef gaan loop – dat jy 'n mof is. Ons word mos gebore om 'n sekere rol te speel en dit is "onnatuurlik" om aangetrokke te wees tot dieselfde geslag. Ironies genoeg is daar 'n sêding: Soort soek soort.

'n Jong gay kyk na die lewe om hom en boots na so goed hy kan. Hy probeer sy bes om homself te hervorm om in te pas. So hy sal 'n meisie kry en probeer om sy wese te indoktrineer. Veral by die skool. Kinders kan maar lekker wreed wees as hulle die dag lus is. Op skool wil geen seun "moffie" genoem word nie. Ek dink dit haal die topvyf van alle beledigings wat mans aanbetref.

Op universiteit kom daar stelselmatig aanvaarding. Na skool vind jy eers eintlik jou stem. Skool is een groot eksistensiële krisis, waar jy probeer inpas en ander beïndruk. Op universiteit, of as jy begin werk, is wanneer jy eers besef dat jy kan wees wie jy wil sonder om om te gee wat ander dink. Hier aanvaar jy jouself en omring jou dan met mense wat vir jou omgee.

Dan kom die rondloopfase. Noudat jy weet wie jy is, begin jy agterkom dat ander mans jou aandag gee. Jy geniet die aandag en daarom hoer en rumoer jy soos 'n warrelwind.

Tussen die hoerery vind jy iemand van wie jy hou en jy besluit om in 'n verhouding te wees – al is dit net vir 'n week.

Hoewel omtrent die hele wêreld van jou oriëntasie weet, probeer jy dit vir jou ouers wegsteek, of tot wanneer hulle jou daaroor uitvra en jy moet erken. Jy is dan verbaas om uit te vind dat jou ouers al lank snuf in die neus het – ouers weet mos altyd. Daarna lei jy jou volle gay lewe.

Gays het twee groot vrese: om uit die kas te kom, en 'n MIV-toets. Homo's is mos gebrandmerk as draers van die virus omdat ons so roekeloos is. Die angs en die vrees van so 'n toets. Deesdae hardloop almal so rond, jy weet nie wat jy waar aangesteek het nie. Die studie wat ek gelees het, het ook gesê 'n gay man het in sy leeftyd gemiddeld 100 tot 500 seksmaats. Van wie hy nie die helfte ken nie. Ja, MIV is nie 'n doodsvonnis nie, maar dit is nie iets wat iemand wil hê nie. Dit is soos verkoue – jy weet dit gaan jou waarskynlik nie doodmaak nie, maar jy verkies jou lewe daarsonder.

Ek klink soos 'n doemprofeet wat al die negatiewe eienskappe van gays opnoem. Ek wil nie 'n bitter Bettie wees nie. Ek wens net ons was meer gevorderd. Dat ons beter was. Dat ons hart in ons bors gesit het en nie in ons broek nie. Dat ons oë intelligenter was. Ek weet niks gaan verander nie; dit was nog altyd so en dit sal so bly tot die einde van dae.

Dis net hartseer...

LESBIËRS

Ek kan my nie veel uitlaat oor lesbiërs nie, want ek is nie goed genoeg ingelig nie, maar al die lettas wat ek al ontmoet het en ken, is fantasties. Miskien is ek onder 'n wanindruk, maar lesbiërs se lewe lyk so rustig, met baie harmonie. Wat is jul geheim, of is ek net oningelig? Daar is ook min dinge so mooi soos 'n lipstiffie-lesbiër. Die kombinasie van twee mooi vroue saam ... wat 'n fees vir die oog. Al speel ek nie vir daardie span nie. Ek probeer aan iets dink om oor lesbiërs te sê, maar dis moeilik. Ek kan egter net sê ek is jaloers op jul liefde. Ek kan verkeerd wees, maar wat ek sien en waaraan ek blootgestel word, is net pragtig. Punt.

Gepraat van dinge wat skeef is. Was jy al by Gay Pride? Ek het op 29 Oktober 2016 die moffees bygewoon. Dit was my heel eerste keer. Kom ek vertel gou.

Ek en my vriend Kevin het besluit om te gaan. Ons het gehoop 'n groep ander gays woon dit saam met ons by, maar dit was op die ou end net ons twee.

Nou die ding van die skewefees is dat jy basies kan aantrek wat jy wil. Kevin het 'n help-my-sterk-lyk-hemp aangetrek wat die V van sy maag ten toon gestel het. Op die hemp was daar 'n piesang. Hy het ook 'n kort blou broekie aangehad en sy piesangbeursie vooraan die broek vasgemaak. Hy het die reënboogvlag, wat mos nou 'n gay-simbool is, saamgevat en dit agter hom gedrapeer asof hy 'n homo-held is.

Ek het 'n stywe, koekkort, goue rok aangetrek. Ek het natuurlik ook 'n Speedo aangehad, en lang swart kouse – daai tipe nagkouse wat vir die slaapkamer bedoel is. Ek het lae hakke aangehad om die bene te beklemtoon. Ek dra 'n nommer elf-hakskoen. Ek het 'n nommer nege in Woolworths gaan aanpas en dit het gemaklik aan my gesit. Ek sê maar liewer niks.

Ons het by Kevin se huis opgewarm met drinkgoed en toe soontoe ge-Uber. Die hele ent van Linden na Melrose Arch.

Toe ons daar aankom, sien ons 'n groot verhoog en tafels waar

die ontvangsmense gesit en gesels het. Daar was ook stalletjies en
'n buitekroeg.

Links by die tafel het 'n groep mense gesit wat my en Kevin so 'n
kyk gegee het. Hulle was so vaal soos die houttafels. Niks innover-
ends aangehad nie. Wat 'n teleurstelling. Daar was nie 'n fopdosser
in sig nie. Ek het gedink Gay Pride is waar al die moffies uitkom. Ek
het 'n trop fopdossers verwag. Toe sien ek 'n hemelbesem. Hy het so
'n kort rokkie aangehad om sy bene ten toon te stel, met hakke om
dit verder te beklemtoon. Sy gesig was gegrimeer en hy het 'n bruin
pruik opgehad. Hy het soos 'n Sonja gelyk. 'n Afrikaanse tannie met
klas en styl.

Meters agter hom was 'n ander oom. Ek skat hom so in sy veertigs.
Hy het slegs 'n Speedo aangehad, met die hoogste stiletto's. Mens
moet 'n sirkusagtergrond hê om so gemaklik in daardie goed te kan
loop. Hy het geloop en gewaai asof hy die keiser is. Die enigste verskil
was, die homo het geweet hy is 'n rapsie van kaal af.

Daar was 'n paar wat met net broekies, sonder hemde, geloop het,
so asof hulle op die strand was. Die sonbrille was groot en het deels
tot die baaigevoel bygedra. Hul borskaste was soos 'n blok sjokolade.
Die spiere het in 'n groep van ses gesing sodat almal dit kon hoor en
daarna moes kyk – mans hou van 'n stukkie aandag.

Die meeste was nogal normaal aangetrek, soos ek genoem het.
Hulle het hand aan hand geloop asof hulle by 'n winkelsentrum was,
en kort-kort gestop en gekyk as iets hul aandag trek.

Ordentlikheid het soos lus in die lug gehang. Ek het per ongeluk
in iemand vasgeloop omdat ek nie gekyk het waar ek gaan nie. Die
persoon het my om verskoning gevra en dit was nie eers sy skuld nie.
Ek het toe jammer gesê en hy het daarna weer jammer gesê. Dit het
gevoel asof ons 'n jammerkompetisie hou. As dit in Potchefstroom
was, was ek gemoker deur 'n beneukte twintigjarige in 'n jeanbroekie
wat sy meisie se hand vashou – ek dink om beneuk te wees word iewers
as 'n vak aangebied. Nie by die homo-fees nie.

Voor was daar 'n gay rugbyspan. Ek het gedog dit was 'n groep
vriende met dieselfde klere aan. Hulle was beslis nie Springbokke

nie; die gay bokke (soos ek hulle gedoop het) het wel gelukkiger as die Bokke gelyk. As Leon Schuster nou 'n liedjie oor hulle moes sing, sou dit seker wees: "Hier kom die mowwe. Hier kom die mowwe." Of is dit lelik? Toe ek nou hoor dat hulle 'n rugbyspan is, het ek begin wonder teen wie hulle speel. Teen mekaar? Is daar ander gay rugbyspanne? Het elke provinsie dan 'n gay span? Is daar 'n homo-wêreldbeker? Ek het nog nooit van 'n gay rugbyspan gehoor nie. Ek weet min van rugby en ek hou dit so. Nou wonder ek sommer of daar een is vir krieket en sokker, of behels dié sportsoorte te min kontak – sies, dis lelik, Piet.

So het ons later die dag Johannesburg se strate pienk geverf. Pride het mos 'n kort optog. Ek en Kevin het sy vlag vasgehou en die manne van die rugbyspan het voor geloop. Niks is gebrand of gegooi nie. Mense wat verbygery het, het getoet uit liefde en nogal gewaai ook. Was dit Pretoria, dan was die toet seker uit woede. Terwyl ons so deur die strate geparadeer het, was ek regtig bang iemand skiet ons. Mens lees mos van die aakligste goed wat met die gays gebeur. Nie almal se harte is oop nie. Gelukkig het so iets nie gebeur nie.

Ons het teruggeloop tot by die beginpunt. Op die verhoog was daar ook 'n modevertoning – baie abstrak. Ek het maar saam met die res hande geklap en gemaak asof ek dit verstaan.

Ek het baie vriendelike en aangename mense daar ontmoet.

Die son het gesak en mense het wilder begin raak, gevry, mense gesoek om te vry. Nommers uitgeruil. Waar een of meer homo saam is, is daar mos altyd lus. Daar was na die aand se vertoning 'n partytjie...

By Gay Pride het ek gesien dat daar wel hier en daar goeie homo's is – altans in die dag. Iets waarvan die gemeenskap nie genoeg het nie. Verder gaan dit mos net oor die uiterlike, aandag en seks. Of is ek maar net baie pessimisties? Seker, nè?

Hoofstuk Nege

Die lyf se vervaldatum

Om te dink ons het eens 'n lyf gehad wat vir ons nuwe tande gegee het as die oues uitval. As dit nóú uitval, is dit vir ewig weg. Daar bly 'n gat in jou mond oor wat maar met foptande gevul moet word. Die liggaam was sy hande in onskuld. Tyd is 'n ou teef.

Die oë en die ore wys vir jou op 'n stadium die middelvinger. Die lyf besluit om soos 'n koek te rys. Mens moet die liggaam konstant onderhou soos 'n kar gediens moet word.

Kyk hier, ek is nie eers goed daarmee om my kar te onderhou nie. Ek is nou eenmaal nie 'n admin-oompie nie. My geel karretjie het sy eerste diens gemis – ek het gereken dit ry nog, dus is alles nog reg. Die karretjie het toe na vier jaar van geen diens en harde werk begin protesteer. Dit het gesukkel om aan die gang te kom; ná drie pogings het dit gevat en toe eers kon ek ry. Ek het toe in 'n noodvergadering met myself besluit om die ding in te vat vir 'n diens. Ek moes R10 000 betaal om daai tjorrie te laat regmaak. Die brieke was blykbaar gedaan; ek het op genade bestuur, is vir my gesê. Die motorhandelaar het ook nog nooit so 'n vuil enjin in sy lewe gesien nie.

Dit behoort 'n aanduiding te gee van hoe sleg ek is met die onderhoud van goed, en nou moet ek dit met my liggaam ook nog doen. Hoekom kan ons liggame ons nie 'n guns doen en hulleself onderhou nie? Dit sou darem 'n fees gewees het, nè? Ons sou kon eet en drink net wat ons wil. Ai, 'n mens kan net droom.

Ongelukkig moet daar nou maar geoefen word om die liggaam funksioneel te hou. Ek is nie 'n groot óf klein fên van oefen nie. Ek sien dit as selfmarteling, maar tog het ek gim-lidmaatskap. Ek het dagboek gehou van my pogings om te oefen:

Saterdag

Dagboek: Gisteraand is ek uitgenooi na 'n verjaardagpartytjie. Daarom het ek vergeet om 'n inskrywing te maak. Ek weet ek het belowe om te gaan oefen na werk, maar ek het klaar 'n belofte gemaak om na die partytjie te gaan. Dit sou mos onbeskof gewees het om net nie op te daag nie. Ek is 'n man van my woord (partykeer). As ek gesê het ek gaan na 'n partytjie, dan doen ek dit.

Dit was 'n gemiddelde partytjie. Die kos het dit die moeite werd gemaak. Ek hou gewoonlik nie van koeksisters nie, want dit is te soet. Dit is soos om 'n klont suiker wat in suikerstroop gedoop is, te eet. Gisteraand se koeksisters was egter klam en nie moordsoet nie. Ek kan nie onthou hoeveel daarvan ek geëet het nie. Ek wou 'n woefkardoes saamneem, maar ek moes ten minste voorgee dat ek als gewoond is. 'n Koeksister met koffie sou nou heerlik gewees het.

Ek wil baie graag vandag oefen, maar ek voel broos. Daar was baie sjampanje. Wat? Ek kan mos nie nee sê as die gasheer dit aanbied nie. Ek is beter as dít grootgemaak. Al die ander het dit gedrink. Ek sou die enigste een gewees het wat nie iets gedrink het nie; mense sou praat. Ek gaan eerder vandag 'n bietjie rus en herstel. Ek kan my stomme liggaam dit nie aandoen nie. Deel van die herstelproses is om burgers en tjips te eet. Nee, dit is nie ongesond nie; dit help mos die liggaam om vinniger reg te kom. Dagboek: Wil jy hê ek moet beter voel of nie? Presies. Gemorskos, ag, ek bedoel herstelkos, gaan my in staat stel om môre te gaan oefen. xx.

Sondag

Dit is nou 15:00. Ek het pas regtig wakker geword. Ek was vroeër wakker. Ek was egter nie regtig wakker nie. Al het ek winkels toe gery om 'n appeltert te gaan koop – ek was lus vir een met roomys daarop. Veral as die tert so warm is en die roomys smelt so. Njam-njam. Ek het dit vir ontbyt geëet. Wat? Daar was nie pap in my koskaste nie. Ek weet ek kon pap koop want ek was nou by die winkels, maar niemand kon my sê waar die rak met die ontbytpap is nie – ek het probeer vra. Ek het my appeltert in my bed kom eet en weer bietjie geslaap. My liggaam het nog steeds vir my gesê hy is moeg en ek moet hom respekteer. Ek kan hom nie forseer om goed te doen wat hy nie wil nie. Rus is belangrik.

Dagboek: Ek het netnou voor die spieël verbygeloop en jy is reg. Ek moet by die gimnasium uitkom. Daar is 'n klein boepensie wat kop uitsteek! Dit is verskriklik – hoe het ek toegelaat dat dinge so handuit ruk? Ek kan nie vir myself in die spieël kyk nie. Ek kan nie. Ek is 'n monster. Hoekom het ek daai appeltert geëet? Ek verwyt myself. Môre begin ek oefen. Regtig. Ek kan nie vandag gaan nie, want die gim bly nie lank oop nie. Ek sal môre gaan. Belowe.

Maandag

Ek was vandag by die gimnasium. Ek het my woord gehou. Die druppels wat op die bladsye val, is nie trane nie, dit is sweet. Ek belowe. Ek vee net my oë af omdat dit jeuk.

Ek het sonder my bril soontoe gegaan, sodat ek my medesweters in die gimnasium nie kan sien nie. Ek het gereken as ek hulle nie sien nie, dan sien hulle my nie – hondmentaliteit. Ek is maar 'n maer siel. 'n Ou riet. Daarom moet ek juis aan my tempel bou.

Ek het 'n broek aangehad wat soos 'n tent om my gesit het en my bene was die pale. Ek het vergeet om 'n handdoek of waterbottel saam te vat. Ek voel die gimnasium kan dit gerus verniet verskaf.

Dit was aaklig. Almal om my het soos gesoute gimgangers gelyk. Sulke spiertiere wat met gemak swaar gewigte opgetel het. Ek het besluit om klein te begin en op die trapmeul gaan klim, want van hardloop weet ek darem. Ná tien minute se vinnig hardloop het dit

gevoel asof ek bloed hoes. Daar en dan het ek om krag van bo ge-
smeek, want ek het nóg 'n verposing van drie, vier maande weg van
die gim af oorweeg.

Ek het ook toe besluit om gewigte te gaan optel, want ek het mos
spaghetti-arms. Met elke optel het daar 'n eienaardige geluid uit
my mond gekom, van die onvermoë om te kan. Ek het dit probeer
onderdruk deur my mond toe te forseer, maar my oë het my verklap
– die vensters van my siel wat ly.

Die horlosie het my ook gekoggel. Wat gevoel het soos 'n uur en
'n half was toe al die tyd net dertig minute. Ek dink die horlosies
word aspris stadig gestel om jou langer in die martelkamp te hou.
My gesig was dan papsopnat. Ek was oortuig dat dit bloed was,
maar dit was sweet.

Almal om my het pynloos en onbevrees aanhou oefen. Hulle is
so geïndoktrineer deur die plek dat hul gesigte geleer het om die
pyn weg te steek. Hoe? Miskien was hulle robotte wat die gim daar
geplant het om dit te laat lyk asof die gimnasium lekker kan wees.
Daar was selfs dié wat geglimlag het. Die spiere om my mond het
uitgepass; jy sou geen smile om *my* mond gesien het nie. Ek dink daar
was 'n oomblik dat ek gedink het ek is oorlede. Skielik het ek daarna
verlang om op die bed te sit en appeltert vir ontbyt te eet. Die goeie
ou dae.

Terug by die huis het ek minute lank voor die spieël gestaan om
'n resultaat te soek, maar alles was soos dit was: lomp. Ek reken met
daardie pyn moet daar onmiddellik vrugte wees wat gepluk kan word.
Hoekom anders doen mense dit?

Dinsdag

Ek het pyn. Ek het oefenbabelas. Dit lyk my daar was tog 'n spier
of twee in my liggaam. Alles is so styf, ek is verbaas ek kraak nie.
Miskien is dit die liggaam se manier om my te waarsku om nie terug
te gaan nie. Nee, ek soek nie verskonings nie. Ek probeer net doen
wat die beste vir my liggaam is.

Ek het vandag net water gedrink en nee gesê vir die Coke wat my probeer verlei het. Ai, die soete Coke wat my smaakkliere eens laat jubel en juig het. Dit het deur my liggaam gespoel soos 'n briesie op 'n somersdag. Coke het gedoen wat sjokolade altyd met my gedoen het. Dit het passievolle liefde met my mond gemaak. Na die tyd was ek so tevrede, ek wou skoon 'n sigaret aansteek.

Nou is dit net water. Water is soos die vaal niggie in die familie; ja, sy is slim en het 'n goeie hart, maar sy is nie pret nie. Wanneer water in my mond ingaan, voel dit asof ek my mond was. Dit proe na niks. Die smaakkliere kom nie eers agter dat water verbygegaan het nie. My maag kom dit wel agter, want water gee mos 'n tydelike boep. Daarna is dit so onbeskof dat dit jou in die rede val as jy besig is met 'n vergadering, want jy moet toilet toe gaan.

Om water te drink, is soos om te leer vir eksamen. Jy sien nie daarna uit nie, maar jy wil tog goeie resultate hê.

En ek was vandag ongelukkig weer by die gim. Dit was dieselfde storie as gister, behalwe ek het ander spiere geoefen en hulle gaan ook môre ly. Dit is asof ek oorlog teen my liggaam en my gemoedstoestand verklaar het.

Woensdag

Oukei, luister eers: Moenie oordeel nie. Ek was nie vandag by die gim nie. Ek het 'n harde dag by die werk gehad. Ons was heeldag in vergaderings en dit het my uitgeput. Al sit mens heeldag, is mens se brein konstant aan die gang en dit maak jou moeg. Die gim verg ook breinkrag. Dit is nie net die liggaam wat al die werk doen nie. Jy moet jouself konstant motiveer om aan te hou.

En nog iets. Ek het per ongeluk verby KFC gery op pad huis toe. Toe ek my weer kom kry, het ek daar stilgehou en vir my 'n Twister bestel. Ek weet nie hoe gesond dit is nie, maar daar is hoender daarbinne. Dit moet tog seker tel. Ek verdien dit, na die week wat ek gehad het. 'n Week vol water, slaai, werk en oefening. Wie kan so leef?

Ek het selfs in die oggende gewone ontbyt geëet. Al my sintuie het gedink hulle het iets verkeerd gedoen met hierdie skielike ommekeer van my. Die Twister was net om hulle te beloon omdat hulle so geduldig was. Soos 'n organisasie gaan my liggaam deur 'n herstrukturering. Almal weet watse tol dit eis. Daar is onsekerheid, angs, en die lys gaan aan en aan.

Donderdag

Soos 'n tussenseisoenverkoue het ek weer my verskyning in die gimnasium gemaak. My selfbeeld is soos 'n ou, irrelevante gebou gesloop. Die ongemak het aan my geklou soos 'n winterjas terwyl ek verby die spierhoere gestap het. Soos voorheen genoem, het ek my kykassistent (bril) liefs in my voertuig laat rus — wat die oog nie sien nie …

Ek het by 'n masjien gaan sit om my bene te oefen. Daar is prentjies op die toestelle wat vir die gimongeletterdes presies wys hoe om die bepaalde liggaamsdeel te straf. Nugter weet hoe die een waarop ek was, gewerk het. Soos die meeste instruksies op 'n nuwe produk, was dit van g'n nut nie. Ek kon nie kop of stert uitmaak van hoe ek met die toestel moet werk nie. Ek het probeer lig en afdruk, maar kon die ding nie ontsyfer nie. Ná so tien minute van mislukking het ek besluit om my sorge weg te drink by daardie fonteinkraan — waar 'n mens 'n knop druk en die water met jou bek moet vang.

Die roeimasjien is een ding wat my ten minste nie in die steek laat nie. Ek het liefs daarop gaan oefen.

Ná ek weer herinner is watse boelie die gim is, het ek besluit ek gaan nie terug soontoe nie. Ek's klaar. Wat help dit nou eintlik? Dit vat 'n dekade om resultate te sien en dit maak my nie gelukkig nie. Ek weet hulle sê eers wanneer jy die resultate sien, gaan jy gelukkig wees. Se voet. Ek het al voorheen probeer, maar dis net 'n gesukkel.

Vir eers bly ek weg van die gim af tot ek weer voor die spieël verbyloop en my boep my weer pla. Ek weet. Dit is maar 'n bose kringloop.

DIE HARE - VERLORE LIEFDE

Ons weet ons liggame verval. Ons probeer om nie konstant daaraan te dink nie, maar die hare maak seker 'n man vergeet nie dat die sand aan die bokant van die uurglas leegloop nie.

Ek verlang na die dae toe my kroese nie 'n faktor was nie. Ek het so 'n sponskop gehad wat ek nooit gekam het nie. Dit het skoon soos Google Maps op my kop gelyk van die deurmekaarheid. Ter wille van orde het ek my hare laat sny, want ek was te lui om dit te kam – geen kroese, geen kam. Dit het my so geïrriteer as die goed so vinnig teruggroei. Ai, ek mis die probleme van my prille jeug.

Soos 'n pa wat sy kinders verlaat het, het ek mos nooit omgegee vir my hare nie. Dit was net daar. Ek het geen waarde daaraan geheg nie. Toe ek ouer word, het ek van my hare begin hou, soos wanneer jy met die ouderdom van jou broers en susters begin hou – wat nie die geval was toe ons jonger was nie.

Ek het selfs 'n styl begin kry en op 'n kol 'n tafelberg op my kop gehad. Ek het witmens- en vroumensdinge soos haarsproei op my kop gebruik. Ek het die hare versorg en dit selfs in 'n styl gesny.

Die wiel het egter mettertyd begin draai. 'n Mens waardeer altyd iets wanneer jy dit nie meer het nie. Dit lyk asof die hare met verloop van tyd meer agtertoe begin vlug het en nie terugkom nie. My hare emigreer. Dit is ongelukkig die stand van sake op my kop. My hare het besluit om elders 'n burger te wees.

Dit is 'n teer puntjie vir 'n man. Mans gee nie vir veel om nie, maar hul hare wat minder raak is 'n ernstige saak. Hare gee die gesig persoonlikheid. 'n Interessante styl kan 'n vaal gevreet bietjie opwinding gee. Hare is die een ding wat mens kan verander en hervorm. Sonder hare het mans niks oor om hulle interessant te maak nie. Die meeste maak dan die liggaam die fokuspunt, en nie die gesig nie. Maar is die gesig nie die inleiding tot die liggaam nie? Dit is soos die inhoudsopgawe. Die gesig moet belangstelling vir die res van die liggaam wek.

Dan is daar dié van ons wat nie op die lyf kan staatmaak nie, maar die persoonlikheid ook moet inspan. Dít is nou vir jou 'n storie. Jy het 'n paar minute om iemand te wys dat jy slim en skerp is. Dan moet jy dit volhou, al het jy nie die krag nie, want dit is jou trekkrag. As jy sonder hare is en boonop 'n ongemaklike lyf en onaantreklike persoonlikheid het, raak die lewe eensaam en swaar. Die meeste mense is maar so diep soos die vlak kant van 'n swembad.

Goeie hare gee mens net 'n hupstoot. Dan is daar natuurlik diegene wat beter sonder as met hare lyk – maar hulle is die uitsondering.

Van al die dinge wat ons het om oor te stres, is daar dit ook nog.

DIE OË – SLAPGAT

Behalwe die hare, konk die oë ook nog in. As die oë die vensters van die siel is, is myne maar dowwe vensters. My brillense raak elke tweede jaar meer soos vergrootglase. My oë gedra hulle asof dit elke dag Vrydag is en hulle moeg gewerk is. Ek was nog net goed vir my oë. Ek stel hulle bloot aan mooi mense, heerlike flieks en opwindende reekse. Ek het hulle selfs onder water met chloor in toegemaak om hulle te beskerm. Hoe hoër my ouderdom, hoe minder raak die moeite wat my oë doen. Die vermetelheid.

Weet die oë hoeveel 'n bril kos? Kan hulle sien? Mode maak dit ook nie maklik om te sien nie, want jy betaal meer vir die raam as vir die lense. Natuurlik moet jy die mooiste raam kry. Dit kom op jou gesig en, soos ek gesê het, die gesig is die inhoudsopgawe. Die bril raak deel van jou gevreet en moet dus bydra tot die mooiheid daarvan, veral as die hare nie meer hul deel doen nie.

Hoe meer 'n mens 'n bril dra, hoe luier raak die oë. Hulle is onder die indruk dat iemand anders die werk oorneem. Die oë begryp nie dat die bril slegs 'n assistent is nie – en 'n duur een daarby. Die bril maak seker dat die oë nie permanent soos 'n motorruit lyk wat natgereën het nie. Dit is die bril se verantwoordelikheid om die kar saans op die pad te hou, maar die oë moet ten minste weet waar die pad is. Ek is baie vies vir die oë. Luigatte.

DIE ORE – MY OOGAPPELS

Ek gaan nie veel sê nie, want hulle en die neus gee nie probleme nie. (Die neus raak egter te emosioneel in die winter.) Wat my hart egter seermaak, is dat die ore eendag ook gaan agteroor sit en rus. Dit breek my hart, want ek het my ore nog net aan goeie musiek blootgestel. Ek het seker gemaak my ore hoor ook die sappigste skinderstories. As die ore ook soos die oë gaan maak, gaan ek hulle moeilik vergewe. Die oë is die swartskapies van my gesig. Ek verwag niks minder as bystand van die ore nie. Punt.

DIE MOND – 'N HYGROMAN

Ek het wyd oopgemaak, sy het ingesit…

My eerste en tweede keer was met 'n vrou en dit was seer, baie seer.

Ek het nog nie met 'n man nie, net omdat hulle baie meer aggressief is. Ek weet nie of ek dit sal kan hanteer nie. Ek is maar 'n tingerige dingetjie. Ek hou daarvan as iemand sagkens met my te werk gaan. Daarom verkies ek 'n vrou – vir eers.

Ek weet ek is 'n man, maar niemand berei jou voor op die kneukel-knakkende pyn wat jy ervaar wanneer jy dit doen nie. Ek moet dit seker meer gereeld begin doen, dan sal dit nie so seer wees nie.

My eerste was 'n wit, ouer vrou in haar veertigs, 'n suur ou dingetjie. Sy het nie eers geglimlag nie. Ek weet in die eerste plek nie hoekom sy dit wou doen as sy nie gaan lyk asof sy dit geniet nie. Sy wou dit duidelik net doen om klaar te kry.

Sy het vir my gesê ek moet lê en oopmaak. Ek wou eers 'n paar vrae vra, maar was te bang. Ek het maar gedoen wat sy sê en gelê en oopgemaak – wyd oopgemaak. Sy het haar instrument gevat en dit ingesit – *diep* ingesit. Oe. Sy het eers stadig begin en al hoe vinniger en harder te werk gegaan. Ek het gekreun. Sy het my nie eers jammer gekry nie, vir my gesê ek moet ophou. Ek het maar stilgebly en my bes probeer om die pyn te onderdruk tot sy klaar was.

Dit was ná die tyd so seer en ek moes haar nog betaal ook. Ek was opgeswel en het selfs gebl...sorry, dit is te veel detail. Ek het myself belowe om dit nooit weer te doen nie.

Ek hét dit toe weer gedoen. Dié keer met 'n jonger vrou en nogal 'n mooie ook. Nie dat dit saak maak nie. Ek vat gewoonlik wat ek kan kry – beggars can't be choosers. Ek het van haar gehou, al het sy my ook seergemaak.

Ek het ook gelê en sy het haar instrument ingesit. Elke keer dat ek gemoan het van die pyn, het sy om verskoning gevra en vir my gesê ek moet net uithou, sy is amper klaar. Ek het vasgeklou aan die bed. Sy het my deeglik bewerk. Die stomme ding het skoon gesweet toe sy klaar was. Sy was in en uit my, 'n hele uur lank besig. Ek het respek vir haar dat sy so lank kon uithou.

Dit was na die tyd seer, maar dit was darem beter as my eerste keer. Ek het geen probleem gehad om haar te betaal nie. Sy het dit verdien.

Ek het breed geglimlag, want ek het baie beter gevoel. Dit was presies wat ek nodig gehad het. Veral omdat ek dit so lanklaas gekry het. Sy het vir my gesê ek moet weer kom, sy wil dit weer doen. Sy het my verseker hoe meer gereeld ek dit doen, hoe makliker en meer pynloos gaan dit word.

So, van nou af gaan ek meer dikwels tandarts toe!

Jip. Ek praat van 'n tandarts. 'n Tandarts is vir my nes 'n ginekoloog. Hulle gaan in waar baie mense nie mag ingaan nie. Hulle sien wat jy nie wil hê die meeste mense moet sien nie. Gelukkig maak hulle reg. Dit maak dit steeds nie lekker om hulle daarbinne te hê nie.

Die tande is sterk, maar hulle gaan deur baie in 'n leeftyd.

Gepraat van tande. Ek betaal elke maand duisende rande aan 'n mediese fonds. Ek verwag as daar 'n kwaal is, moet ek hulp ontvang sonder om enigiets uit my bankrekening te trek, want die mediese fonds het klaar 'n debietorder gevat. Nou wat is hierdie nonsens dat ek self vir 'n tandarts moet betaal en dit dan moet terugeis? Hoekom moet ek meer moeite doen? Die mens word maar deur almal en alles verneuk.

Mediese fondse is vol nonsens. Ek glo as ek 'n mediese fonds het, moet hulle my in noodgevalle kan help, al is die spaarfondse uitgeput. Daai spaarfondse is in elk geval so min. Nou moet ons nog daarmee ook sukkel.

Ter afsluiting wil ek sê die liggaam is soos 'n verhouding. Aan die begin is dit lekker en alles gaan goed. Dit gee jou geen probleme nie en jy spog by almal daaroor. Aan die einde se kant doen dit nie meer moeite nie; dit gee op tot dit verbrokkel. Al wat ons in die lewe oor het, is ons persoonlikhede. Dit verg baie meer om 'n sterk persoonlikheid af te kraak. 'n Arm en 'n been kan geamputeer word, maar nie die persoonlikheid nie.

Hoofstuk Tien

Diere – my aartsvyande

Diere hou nie van my nie en ek nie van hulle nie. Ek het die boodskap gekry toe 'n voël op my ontlas het. Dit was 'n abnormale hoeveelheid ook. Dit is asof alle voëls teen my saamgesweer het en hulle die een voël uitgestuur het om op my te laat los. Dié gedierte is seker dae lank gevoer en belet om te ontlas. Toe hy uiteindelik nie meer kon uithou nie, blerts hy op my kop, my skouers en in my kos wat ek vasgehou het. Dit nogal in die aand. Ek dog dit reën, maar die wit en groen het my vinnig reggehelp dat dit allesbehalwe water is. En ek was so lus vir daai koffie en brood.

Ek loop baie alleen, maar daai bose voël het gewag tot ek iets in my hand gehad het, en toe toegeslaan. Daai voëls het seker ná die tyd so lekker gelag en die blertser is seker tot voël van die jaar benoem.

Wat het ek ooit aan 'n voël gedoen, hè? Ek het dit nog nooit met 'n kettie geskiet of beseer nie. Ek het nog nooit die begeerte gehad om 'n dier seer te maak nie, maar om een of ander rede is ek in hul visier. Ek begin dink hulle is Pietsiste en selfs Pietfobies. Die naaste ding aan 'n voël wat ek moontlik kon seermaak is 'n hoender in my bord, wat lankal dood was.

Het ek al genoem dat 'n hoender my eenkeer gejaag het? Nie? Ja. Dit het gebeur. Hoenders is nie so onskuldig soos hulle op die pakkies lyk nie. Wees gewaarsku. 'n Ding wat rondhardloop nadat sy kop afgekap is, kan nie vertrou word nie. Dit behoort teken genoeg te wees dat 'n hoender gevaarlik is. Ek is oortuig dat hoenders van jongs af geleer word dat 'n aanhouer wen – selfs in die dood. Nadat dié se kop en lyf nie meer een is nie, hardloop die goed vinniger as toe hulle lewend was. Hulle spuit ook bloed asof hulle 'n tuinslang is om seker te maak jy word gestraf omdat jy hulle doodgemaak het.

Ek moet seker nie verbaas wees dat die gedierte my probeer jaag en jag het nie. Ek was redelik jonk toe; as ek ouer was, sou ek hom geskop het. Nee, ek lieg, ek sou heel waarskynlik ook gehardloop het. Daai bekkies van hulle lyk asof hulle diep in mens se vlees kan delf. As 'n hoender die dag dink hy kan 'n mens aanval, moet jy weet dit is 'n gevaarlike een. Hoenders weet dat mense groter as hulle is. Hulle weet ook dat hulle nie die sterkste diere is nie. As 'n hoender jou dus aanval, beteken dit hy het ander truuks om jou by te kom. Ek het nie eers probeer om terug te veg nie.

Ek het verby die hoenders gestap. Onder die henne was 'n haan. Min het ek geweet die bliksem gaan my probeer bykom. Hy het in my rigting gekyk. Heel waarskynlik probeer afshow voor die dames. Die henne het ook nie veel gedoen nie; seker net "vat hom, babe" geskreeu. Daai haan het in my rigting begin loop. Gewoonlik bly hoenders uit mense se pad. Dié een se loop het vinnig in 'n draf ver-ander, en daar weet ek toe ek moet laat spaander.

Ek het ook toe begin draf. Die hoender het begin hardloop. Ek het begin hardloop. Die ding het sy vlerke uitgesprei sodat die wind hom momentum kon gee. Vir 'n oomblik het ek dit oorweeg om 'n klip op te tel en die ding daarmee te gooi, maar ek was bang ek struikel en val, en dan het die hoender my net waar hy my wil hê en maak ek sy pik-werk makliker. En sê nou maar ek tel 'n klip op en ek gooi mis? Dan het ek wegkomtyd gemors en pik die dier my in elk geval. Ek het dus gemaak dat ek wegkom, en toe die gedierte sien dat vrees my vinniger gemaak het, het hy opgegee en teruggegaan na sy chicks. Daarna was ek seker dat die henne almal bereid was om sy eiers te dra – enige tyd.

Na hierdie hoenderaanval het die bietjie simpatie wat ek vir hoenders gehad het, saam met hulle in my keel afgegaan. Ek gaan nie binnekort begin skuldig voel omdat ek hulle eet nie, nee. Ek is eerder spyt dat ek nie méér hoender eet nie.

Ek weet daai hoender was nie die eerste een wat mense aangeval het nie, en ek was waarskynlik nie die eerste persoon wat deur daardie een aangeval is nie. Hy het seker baie mense voor my afgeknou. Hoeveel kinders het hy nie nagmerries oor hoenders gegee nie? Hier dog ons hoenders is die rustigste ou diertjies. Hoenders het my so bang gemaak dat ek skoon bang is vir eende ook. Ek het gehoor hulle val ook mense aan. Asof daar nie genoeg diere is wat mense aanval nie, het hoenders ook nou aangesluit. Dit is belaglik. Moet ons hoenders ook nou in dieretuine in hokke aanhou? Of dalk moet ons hulle in die natuur vrylaat?

As hulle dink mense is wreed om hulle te eet, gaan hulle swaarkry in die natuur. Die ander diere gaan hulle uitroei.

Al hierdie geveerde kreature is voëls van eenderse vere. Vat nou 'n papegaai. 'n Dier wat alles herhaal wat jy sê, kan jou net in die moeilikheid bring. Jy sal nooit gaste kan hê met 'n papegaai nie – hy is net soos 'n kleuter; sê die goed wat hy nie moet sê nie voor ander mense. Ek was geskok toe ek uitvind papegaaie is aangetrokke tot blink goed; dan het jy nog ook 'n juweeldief in jou huis wat jy voer.

Dan is daar honde. Ek het nog altyd 'n antagonistiese verhouding met honde – glo die mens se beste vriend – gehad. Hoe kan 'n ding wat nie kan praat nie en knor jou beste vriend wees? 'n Knor en 'n blaf is dan soos 'n brul. Die bulhond, bulterriër en boerboel is net drie van die hondesoorte wat nie noodwendig 'n mens se beste vriend is nie. Ek het al probeer om die vyandige golwe tussen ons uit te stryk met 'n glimlag en 'n versigtige vryf oor die kop. Honde-eienaars is mos lief daarvoor om te sê: "Vryf hom, hy gaan niks aan jou doen nie. Honde voel dit aan as jy bang is vir hulle." Asof hierdie woorde die situasie gaan verbeter. Jy raak net bang dat die hond gaan agterkom dat jy bang is en nou probeer jy aktief daarop fokus om nie banger te word nie, maar jy word in die proses bang. Al het ek probeer vryf, is al wat ek teruggekry het 'n wilde kyk en 'n knor. Dit was boodskap genoeg vir my dat ek my afstand van die ou tewe moet bewaar.

Dit is net beter as honde uit my pad bly en ek uit hulle s'n. Dit is mos 'n beskaafde manier om vyande te wees.

So stap ek een aand huis toe ná werk. Dit is vroeg en die strate van Pretoria-Oos reeds effe donker – die winter is op ons hakke. Heel ontspanne komponeer ek liedjies in my kop, vir vermaak. Dit is maar wat ek doen om myself besig te hou. Die ander opsie is om met myself in my kop te praat, maar dit ontaard altyd in 'n harde gepratery en dan moet ek vinnig maak asof ek sing as mense my sien, sodat hulle nie dink ek is die kluts kwyt nie.

Soos ek stap, sien ek 'n paar meter voor my 'n hond wat buite 'n erf ronddwaal. Die tannies en ooms maak mos nie seker dat hul honde in die erf is wanneer hulle inry nie. Ek stop net waar ek is. Om my is daar nie 'n boom of iets vir selfverdediging in sig nie. Honde is mos nie goeie boomklimmers nie. My eerste opsie is altyd: Spring in 'n boom in. My tweede een is: Kry iets om jouself mee te beskerm. Honde is ongelukkig nie so stadig soos hoenders nie. Hulle hap jou hak nog voor jy kan dink om iewers heen te gaan.

Skreeu is ook nie 'n opsie nie. Die mense se mure in die ooste is so hoog, dit versper die klank en dis moeite om te gaan help as jy voor die televisie sit en ontspan na 'n lang dag se werk.

Gelukkig sien die dwalende hond my nie. Rustig draai ek om en vat 'n ander, langer roete huis toe. Dit was die dae toe ek nog nie 'n kar gehad het nie. So ja, ek hoop die Van der Merwes of Bothas wat daai hek oopgelos het, gaan nou sleg voel. Die wysie van die liedjie wat in my kop was, is nie meer daar nie. Op daai oomblik het ek die mense en hul hond so gevloek dat koeksoda hulle nie eers sou skoonkry nie.

Een ding wat ek geleer het, is dat g'n hond in die ryk buurte van Pretoria 'n swart man met 'n gelekkery gaan verwelkom nie. Ek is as vyand gebrandmerk en hulle wil net hul Van Rensburgs beskerm. Dus gaan ek nou nie die kans waag om verby een te stap met g'n boom in sig nie.

Ek stap nou die langer pad; stap is buitendien goed vir die hart, of is ek verkeerd? Ek is behoorlik de josie in vir die brak. Terwyl ek loop, kom 'n jong dame van voor af aangeloop. Sy het bietjie skrikkerig vir my gelyk, so asof ek haar iets gaan aandoen – miskien was ek net paranoïes.

'n Paar meter voor my is mense besig om in hul oprit in te trek. Terwyl hulle hul groot swart hek oopmaak, hardloop twee boerboele uit. Heel opgewonde om vryheid te hê, dwaal hulle in die pad rond. En die eienaars doen nie juis moeite om dié twee monsters terug te roep nie. Ek vries en draai toe stadig om terwyl ek bid dat hulle my nie raaksien nie. Ek het letterlik gebid. As 'n hond jou verskeur, gaan die letsels nie weg nie. Die spieël spaar niemand se gevoelens nie.

Die vrou wat voor my was, het intussen verby my geloop. Sy draai haar kop en sien dat ék omgedraai het en agter haar loop. Sy is egter nie bewus dat ek wil wegkom van die twee honde nie. Sy begin vinniger loop, duidelik onder die indruk dat ek haar deel van die misdaadstatistiek wil maak. Om haar nie skrik te maak nie, gaan staan ek stil tussen bosse buite iemand se erf.

Terwyl ek staan, kan ek nie die absurde situasie glo waarin ek is nie: Ek met my swart wese staan tussen 'n klomp bosse in die aand in die strate van Lynnwood, oorval met vrees. Een, dat 'n hond my gaan verskeur, en twee, dat iemand gaan dink ek is 'n booswig.

Die walggoed is uiteindelik terug in die erf. Ek hardloop huis toe, want wie weet watse ander verrassings my gaan inwag. Ek het juis toe ompad gevat om die een hond te vermy; nou loop ek in twee ander vas. Dit is die aand dat ek soos 'n skelm gelyk het, maar soos 'n slagoffer gevrees het.

Ek oordryf nie, ek ken honde se maniere. Op skool het ek en 'n meisie wat saam met my in die kinderhuis was, teruggeloop huis toe van Hoërskool Waterkloof af. Ons het in Elarduspark gebly, wat nie te ver van die skool was nie. Toe loop ons op 'n reusagtige, knorrende hond af. Die meisie het my gegryp en agter my geskuil – omdat ek mos die man is. Ons is mos braaf. Of sy het gereken as die hond my eerste aanval, het sy wegkomkans. Die hond het ons in die oë gekyk en geknor. Ons het stadig beweeg, asof die hond iemand is wat 'n vuurwapen op ons rig. Die ding het egter nie sy oë van ons afgehou nie. Hy het selfs begin blaf, en met elke blaf het die meisie stywer aan my vasgeklou. Sy het die Onse Vader begin opsê agter my. Ek dink

Onse Vader het toe gehoor, want daardie hond het omgedraai en weggeloop. Die verhaal kon baie anders geëindig het.

Ons lewe in 'n land waar mense honde as alarms gebruik ingeval booswigte toeslaan; ander het honde want hulle is deel van die gesin. Ek weet dat mense erg geheg raak aan die diere. Dit is hoekom 'n hond die mens se beste vriend genoem word. Hou net jou flippen beste vriend in jou flippen erf en agter jou flippen hek, want hy is nie *my* beste vriend nie en nie een van ons het tyd vir 'n hofsaak nie.

Honde is so gekant teen my dat hulle by my ou tuinwoonstel altyd buite my deur gepiepie en ontlas het.

My bynaam is Swartkat (een woord), maar ek vertrou nie 'n kat nie. Ek dink die Nederlanders het die beste naam vir katte: poese (lees dit in Nederlands; daar is dit nie 'n vloekwoord nie). Daar is iets agterbaks aan 'n kat wat ek nie vertrou nie. 'n Kat kan mos net verdwyn en weer terugkom en niemand weet waar hy was en wat hy gedoen het nie. 'n Kat kan by twee gesinne lewe en eet, maar niemand sal ooit weet nie.

Soveel mense neem rondloperkatte aan. Die goed is eerstens baie skoon. Wie het hulle gewas? En hulle lyk nie honger nie. Die mense sal deure ooplos met kos wat daar rondlê. Ek dink katte is die grootste verneukers – naas gay mans, natuurlik. Katte is net baie subtiel daaroor. Ek dink hulle kan tot vier gesinne op een slag mislei. Hulle roteer elke dag tussen die gesinne en maak so seker dat hulle die maksimum liefde kry. Dit is hoekom hulle konstant so goed lyk. Dit maak mos nie saak of jy 'n kat 'n naam gee nie; hy gaan nie daarop reageer nie. Die rede daarvoor is dat hulle soveel name by verskillende gesinne gekry het dat hulle dit nie kan onthou nie.

Katte is hoogmoedig. Hulle sit selde op die vloer, sal altyd op iets wees: op 'n muur of bed of bank. Hulle wil op almal neerkyk. Mens sien dit selfs aan die manier waarop hulle sit: Hul koppe sal nooit buig of draai nie, net hul oë sal jou volg. So wys hulle jou dat jy nie saak maak nie en dat hulle in beheer is. Honde sal jou elke dag van opgewondenheid inwag as jy terugkom van die werk af. 'n Hond sal spring en sy stert waai terwyl sy tong uitsteek.

Nie katte nie. Hulle gaan jou nie die mag gee nie. Hulle wil hê jy moet hulle soek en roep. Jy moet agter hulle aanhardloop en nie andersom nie. En moenie geflous word as hulle teen jou skuur nie. Dit is nie 'n teken van opgewondenheid nie; hulle vryf net hul hare teen jou en maak hulleself skoon. Alles wat hulle doen, is vir eie gewin.

Dit maak nie saak hoe goed jy vir hulle is nie; hulle sal jou bank krap en ook ander goed beskadig. Hulle weet altyd van beter. Die enigste rede hoekom katte dit doen is om jou om te krap en dan te maak asof hulle nie weet waarvan jy praat as jy met hulle raas nie. Katte besef hulle is nie so sterk en vinnig soos tiere en luiperds nie. Hulle gebruik meer hul koppe. Hulle is beslis nie die mens se beste vriend nie. Dit is jammer dat hulle nie tewe genoem word nie. Gelukkig het die Nederlanders 'n beter naam vir katte gekry en dit is so gepas.

'n Dier kan maklik teen jou draai. In my joernalistieke dae het ek 'n berig geskryf oor 'n jong outjie wat deur 'n sjimpansee aangeval is. Hy het by die rehabilitasiesentrum met die dier gewerk. Hy het saam met die sjimpansees in die hok gekuier sonder dat hulle enigiets aan hom gedoen het. Tot eendag, toe een teen hom gedraai en hom verskeur het. Hulle het dae na die aanval van sy tone in die bosse gekry. Hy was weke lank in die hospitaal.

Hiermee sê ek nie dat mense diere moet haat of leed aandoen nie. Hulle is onvoorspelbare kreature, al is hulle hoe oulik. Dit gaan my verstand te bowe dat enigiemand in 'n hok naby 'n haai wil gaan swem. Jy hoef nie jou vrees vir diere so te probeer oorkom nie. Jy moet daai vrees koester en weet dat 'n haai nie sal skroom om jou te verskeur nie. Daai dier eet jou asof hy tjips eet. Hy gee nie om of jy op jou wittebrood is nie. Nadat hy gesmul het, gaan slaap hy sonder om verder aan jou te dink.

Hoekom op dees aarde wil jy langs hulle swem? Dit is soos 'n pasgebraaide wors wat voor jou in 'n hok gesit word ná jy dae lank nie geëet het nie. Ek sal nie veilig voel met hoktralies wat tussen my en 'n haai is nie. Die ding kan net daar besluit hy is so lus vir jou, hy gaan nie die hok laat los nie. Dan wil jy éérs skreeu en huil. Wat soek jy in die eerste plek daar? Dan moet die haai doodgeskiet word omdat jy jouself basies in sy mond gesit het. As jy lus is vir avontuur, moenie 'n dier koggel met jou sappige lyf nie. Gaan spring uit 'n vliegtuig of iets.

In dieselfde asem wil ek sê 'n persoon wat diere beseer vir vermaak, soos by hondegevegte, is 'n barbaar. Hoekom gaan baklei jy nie teen die ander ou en dan verskeur julle mekaar vir geld nie? Ons is mense; ons moet van beter weet.

Genoeg van die dieregesprekke. Ter afsluiting wil ek sê: Ek en diere, van rot tot olifant, sal nooit om dieselfde vuur sit nie. Behalwe ek en hoenders as ek hulle braai. Verder vra ek dat ons beskaafde vyande moet wees en net uit mekaar se pad moet bly.

Wat wil jy wees as jy groot is?

1. Ek wil 'n onderwyser wees.
2. Ek wil 'n ontkleedanser wees.

EK WIL 'N ONDERWYSER WEES

Ek het daarvan gehou om skool-skool te speel, al was ek nie mal daaroor om in skool-skool te wees nie. Dit is so lekker om meer te weet as honderde ander voor jou, en jy kan dit met 'n rooi pen vir hulle sê.

Hoewel dit nie meer veel verg om meer as skoolkinders te weet nie, want die slaagpunt is deesdae mos dat jy moet weet hoe om jou naam te skryf.

Soos ek ouer geraak het, het ek besef dat ek beslis nie die temperament het om met kinders te werk nie, want ek sal hulle 'n string vloekwoorde leer. Of ek sal in die moeilikheid kom omdat ek 'n kind getugtig het, nie uit liefde nie, maar uit absolute frustrasie en woede.

Kinders van vandag is mos baie meer voor op die wa. Google het hulle laat glo hulle is slim. Daarom het ek respek vir onderwysers wat veral met hoërskoolkinders werk. As hulle besluit om die dag wreed te wees, kan dit nag raak. Ek weet nie waar 'n onderwyser die moed vandaan kry om die snotkop nie 'n dwarsklap te gee nie. Ek weet van die kinders slaan vandag ook terug.

Ek glo dat die departement van onderwys onderwysers met minstens vier wapens, waarvan een 'n vuurwapen is, moet toerus.

Wanneer 'n klas handuit ruk, moet sy bloot haar rewolwer uitpluk en in die lug skiet om orde in die klas te kry. Sy moet dit veral gebruik in eksamentyd sodat die kinders kan weet daar gaan gevolge wees vir hul dade. Of is dit te veel? Kom ons begin dan eerder met sambokke. Jy kan my bad, mooi aantrek, maar voor 'n klas kan jy my nie sit nie – daarin is ek sonder twyfel 'n druipeling. Ek sou tronkmaatreëls gebruik het om dissipline te implementeer. Waarvan fisieke geweld een is.

Ek weet eerlik nie waar onnies die krag vandaan kry om elke dag voor die kinders te staan nie. Dit is soos 'n kuns wat bemeester moet word. Hulle staan soos lammetjies voor wolwe, elk met sy eie persoonlikheid en maniertjies.

Agter in die hoek sit 'n groep seuns. Die broeke hang soos 'n baba se vuil doek, die houdings lê oor die stoele en die hare is die enigste ding op aandag van al die jel. Die enigste bydrae wat die groep lewer, is onvanpaste opmerkings en die enigste groepwerk waaraan hulle deelneem, is om saam oor hul sêgoed te giggel.

Daar is 'n groepleier tussen hulle. Hy is al voor in die klas laat staan omdat hy te woelig is, maar hy trek gesigte en koggel jou verder wanneer hy meer aandag kry. Later word hy uit die klas gejaag. Alles is reeds met die klein rot probeer, van skreeu tot mooipraat, maar 'n plaag verander selde sy maniere.

In die middelste ry sit meisies, so stil soos muise, maar so beneuk soos 'n perd aan wie se stert getrek word. Hulle is gewoonlik so vaal soos hul skooldrag en so betrokke soos die klas se muur. Vir hulle kan daar niks gevra word nie; hulle brom antwoorde, en as 'n mens hulle vra om te artikuleer, blaf hulle. Daarna oorval die emosie hulle omdat hulle geviktimiseer voel. 'n Mens hanteer hulle nie eers met handskoene nie; jy los liewer. Hulle is soos biltong, hulle moet maar uitdroog. Laat die vlieë hulle geniet.

Dan is daar dié groep outjies wat dink hulle is permanent op *SuperSport*. Hul skooldrag is skoon aangepas vir die sportsoort wat hulle beoefen. Oor hul besige skedule kan hulle nie uitgepraat raak nie. Sport is konstant die antwoord vir alles.

Juffrou: Neels, los vir ons hierdie som op ...
Neels: Ek het vanmiddag hokkieoefening.
Juffrou: Tanja, is interessant met een of twee esse?
Tanja: Juffrou, tennis is met twee enne.

Die rugbyspelers is in hul eie liga, lief vir gesels, maar wat gesê word, is nes graanvlokkies – lug. Dan het hulle nog 'n tikkie arrogansie ook, want dit is die grootste sportsoort in die skool. Huiswerk word nie gedoen nie. Net meisies en rugby.

Links voor is die geselsprogram, twee meisies wat konstant briefies skryf en lag. As jy hulle vra hoekom hulle so kekkel, sê hulle niks. As jy hulle vra om die brief te gee, wil dit emosioneel raak.

Heel voor regs is die vraekomitee met hul hande in die lug soos voëls wat vra om met 'n windbuks geskiet te word. Hoewel jy hulle die antwoord gee, bevraagteken hulle dit ook. Dit is dieselfde kinders wat jou herinner dat jy nog nie hul toetsresultate vir hulle gegee het nie – want jy het nog nie begin merk nie. Jy wil hulle druip, maar hulle is te slim.

Agter hulle sit daar 'n oulike enetjie. Hy is nie 'n probleemkind nie, maar hy is soos beurtkrag – skakel elke paar minute af. Die stomme kind is 'n nul op 'n kontrak, maar jy hou soveel van hom dat jy hom liewers nie uittrap nie. Jy wil hom konstant help, maar hy wil konstant slaap.

En wat van dié wat elke keer laat is asof hulle 'n vergadering bygewoon het? Of daardie een wat sy boeke vergeet het, maar sy selfoon onthou het?

Dan is daar die kinders wat beter karre as die onderwysers ry. Hulle doen niks verkeerd nie, maar ek sal ook nie van so 'n kind hou nie.

Buite die klas dink die kinders dit is snaaks as hulle jou op sosiale media volg. Jy moet hulle konstant blok. Jy het al hoeveel keer gesê hulle moet jou nie nooi nie, maar steeds doen hulle dit. Jy moet allerhande sekuriteitsfunksies inspan, anders laai hulle jou foto's af en maak memes daarvan en stuur dit onder mekaar rond en lag vir jou.

Wat doen mens ook as jy 'n kind in 'n kuierplek raakloop? Jy was van plan om daai shot te down, maar nou kan jy nie meer nie. Jy weet nooit of daai brat 'n video neem nie. Die kinders is mos lief daarvoor om video's te neem en dit oral moontlik op te laai.

Wat is dit met hierdie videonemery? Daar is soveel video's wat die rondte doen van skoolmeisies wat mekaar goed neuk. Die ander kinders drom soos toeskouers om hulle saam met hul selfone aan, en die kinders sit 'n behoorlike show op. Klappe word uitgedeel, hare word getrek. Hulle beland op die vloer en rol rond. Niemand keer nie. Dit is eerder 'n gelaggery. Een skoot in die lug deur 'n onnie sal die sirkus keer. Dit is sulke barbaarse optrede. Dit is amper soos hondegevegte. Hoekom wil jy jou hare in die oggende kam net sodat iemand anders dit kan uitpluk? Dit vat soveel moeite om in die oggend mooi genoeg in jou skoolklere te lyk. Nou wil jy nog met krapmerke en happe terugkom huis toe. A nee a. Wees beter.

Dan die ouers.

Die een se ma is meer by die skool as die kind. Sy is so betrokke, jy wil sommer vir haar huiswerk gee – sy moet iets stryk sodat sy kan wegbly van die skool af. Dit is vrae voor en agter. Sy wil by jou weet hoekom haar kind so sleg vaar, want sy doen waarskynlik die kind se take ook. Jy is bewus daarvan, maar jy wil haar nie daaroor konfronteer nie, want dan beteken dit meer gesprekke. Sy bel selfs naweke, want toe sy jou nommer vra, kon jy nie juis vir haar die verkeerde een gee nie. Sy het drie kinders in die skool en die een is in graad 8; jy gaan haar dus nog baie sien. As jy nie antwoord nie, sal sy die hoof bel, want sy het eenkeer saam met die hoof en sy vrou koffie gedrink en nou dink sy sy is deel van die beheerraad.

Dan is daar die een wat so afwesig is soos die slaagsyfer in haar stoute kind se lewe. Jy bel haar en hoop dat sy die demoon wat sy grootgemaak het, kan tem. Die vrou antwoord nie jou oproepe nie. Jy was al baie ná daaraan om haar kind met 'n tafel te gooi. Jy dink sy gaan ten minste op oueraand haar verskyning maak, maar niks. Wanneer jy haar uiteindelik in die hande kry, vra jy haar om iets te doen aan die ding wat sy skool toe stuur. Sy vertel dan vir jou dat haar kind soet is by die huis en jy die slegte in hom uitbring. En dat dit jou probleem is.

Dan is daar die rugby-pa. Hy raak so opgewonde, hy is skoon op die veld wanneer sy seun speel. Hy gil aanhoudend goed vir sy seun om te doen. Hy was nog nooit in sy lewe 'n rugbyafrigter nie, maar hy kyk elke naweek rugby en weet wat om te doen. Hy raak so emosioneel betrokke by die speletjie, hy sal sommer op die veld gaan en 'n ander kind moker as daai kind sy seun stamp. Vir hierdie pa kan jy niks sê nie. Sy brandewyngesig sê hy het al 'n paar gate in die mure by sy huis geslaan en jou kop is nie so hard soos 'n muur nie. Die enigste manier dat jy dié bul gaan kalmeer, is om hom te sedeer met die inspuitings wat hulle vir perde gebruik.

Nee dankie. Ek sou notas op kinders se antwoordstelle gelos het soos: "Jy sal agterkom ek het ná 'n ruk nulletjies-en-kruisies begin speel", of: "Dankie dat ek nie 'n sakrekenaar hoef te gebruik het om jou punte op te tel nie, hou so aan," of net "WTF".

Veral die taalonderwysers wat deur die gebrabbel moet lees. Ek sal heeltyd sarkastiese opmerkings met rooi penne maak, soos: "Issit?", "Mooi vir jou, hoor," en "Maak my wakker wanneer hierdie storie klaar is."

Dit sit nie in enigiemand se vuis om 'n onderwyser te wees nie. Ek is nie eers kwaad daaroor dat julle al die vakansies kry saam met die kinders nie. Ek gun dit vir julle. Rus en bederf julleself. Gebruik al die woorde wat julle nie voor of aan 'n klas kan sê nie. Julle verdien dit. Oor 'n paar weke staan julle weer voor party kinders wat hul maniere saam met hul kosblikke by die huis vergeet het.

Ek weet dat baie onderwysers hul werk geniet en 'n passie vir die kinders het. Vir hulle haal ek my hoed af.

Ek was nie die beste leerder nie. Ek het myself gestraf deur wiskunde en wetenskap te kies en ek het nie eers 'n bietjie passie gehad vir die vakke nie. Algebra en fisika het ek met 'n passie ge-haat. Die onderwysers het agtergekom dat ek maar een van daai stadige kinders is en hul bes probeer om my te help. In matriek het ek een van daai besige bytjies geword wat nie tyd het vir leer nie, maar die rekordeksamen en eindeksamen het mos geen genade vir enigiemand nie.

Daai gevoel wat jy kry wanneer jy na 'n vraag kyk, maar jou brein was sy hande in onskuld. Jou keel raak skoon droog. Jy begin iets skryf, maar jy weet jy is besig met kreatiewe skryfwerk in 'n wiskunde- of wetenskaptoets. En daai oomblik wanneer die onderwyser vir jou sê daar is tien minute oor en jy besef jy het 'n hele vyftigpuntvraag oor. Ek mis dit nie om 'n skoolkind te wees nie.

Ek besef ek was bietjie ooroptimisties om te dink dat ek eendag 'n onderwyser sal wees. Ek was dan nie 'n goeie leerder nie, en nou wil ek ander leer. Dit het ten goede uitgewerk dat ek liewers weggebly het van die klaskamer. Vir die kinders se veiligheid.

EK WIL 'N ONTKLEEDANSER WEES

Die eerste henneparty wat ek bygewoon het, het my oorreed om 'n ontkleedanser te word.

Ek is na meer hennepartye as rampartye genooi. 'n Ramparty klink nie baie aanloklik nie. Dit is gewoonlik drank, verfbal of gholf. Vandag se rampartye probeer wegbly van ontkleedansers, omdat mans kwyl wanneer hulle borste en meer sien. Nou respekteer hulle eerder hul toekomstige wederhelftes deur middel van hennepartye asof dit 'n graad 11-kamp is.

Die henne verloor nie noodwendig hul bra's wanneer hulle 'n naakte man sien nie; daar is ten minste 'n persentasie beskaafdheid betrokke. Dit is daarom nie 'n gevaar of 'n bedreiging om hulle aan 'n ontkleedanser bloot te stel nie.

Hierdie henneparty was by my vriendin se huis in 'n woonstel-kompleks. Daar was sowat vier ramme tussen die henne. 'n Cocktail is aan almal verskaf en as die keel verder gekrap het, moes dit met eie drank natgemaak word. Daar was kolwyntjies met versiersel in die vorm van 'n penis. Daar was ook pampoensop en die brood wat daarmee ge-paardgegaan het, was penisvormig – soos dit hoort by 'n henneparty. Penisornamente is die verskil tussen 'n damestee en 'n henneparty.

Ek het altyd gewonder hoekom die manlike orgaan die simbool geword het vir hierdie soort partytjies. Is dit om die toekomstige bruid bekend te stel aan wat voorlê? Dit kan nie wees omdat dit mooi ornamente maak nie; daar is 'n rede hoekom dit verdoesel is.

Die aand het rustig voortgegaan, totdat die ramme en henne besluit het daar moet vermaak gereël word vir die toekomstige bruid. Ons het almal op Google geklim en begin soek. Een stem toe sowaar in om besoek te kom aflê. Ons vra sy tarief, en die man sê hy vra net meer as duisend rand vir 'n uur. Soveel geld vir 'n uur se dans en uittrek! Ek doen dit dan elke dag verniet voor my spieël. Ek sal nie omgee as ek soveel geld betaal word nie. Ons het almal note bymekaargesit en die man ingewag. Die toekomstige bruid was van niks bewus nie. Ons het ook haar vriendin wat die henneparty gereël het, so terloops ingelig dat ons vermaak gereël het. Sy was nie baie opgewonde oor die skielike wending nie. Ek dink omgee het lankal by die deur uitgeval na daai cocktail wat sy so aangebied het. Sy moes maar net aanvaar dat dit gaan gebeur.

Die ontkleedanser bel en laat weet hy is by die hek. Ons almal wonder toe hoe die man gaan wees en lyk. Ons het nie sy gesig op die webwerf gekry nie, ons het maar net aanvaar – dit was immers kort kennisgewing op 'n naweeksaand. Ons was net te dankbaar dat hy 'n bietjie spesery na die partytjie gaan bring. Dit was immers die laaste aand dat 'n ander man vir die bruid kon dans.

Die ontkleedanser arriveer toe by die huisie. Steeds is die bruid in die duister. Hy was 'n oom. Ek skat hom so in sy veertigs. Hy het sy ouderdom soos sy spiere gedra. Hy was nou nie iemand om oor huis toe te skryf nie, maar wel aanvaarbaar. Hy het beslis nie soos die meeste ooms gelyk nie. Toe hy in die huis kom, wou hy dadelik weet waar hy ander klere kan gaan aantrek. Op televisie daag die ontkleedansers reeds in hul kostuums op. Hulle klop aan die deur in hul polisieuniform, gee voor dat hulle regte polisie is, en begin dan dans en uittrek. Ons het oom Stripper vergewe, net omdat hy ons kom help het.

Soos 'n konstruksiewerker het hy uit die badkamer gestap, geklee in 'n lang denim, een van daai neonbaadjies en 'n harde hoed. Hy het ook 'n skottel seepwater by hom gehad. Ek was die platejoggie. Teen dié tyd het die bruidjie snuf in die neus gekry, maar sy is gelukkig een vir sports en was dus nie vies nie. Al die ander het op stoele in 'n sirkel gesit en wag om te kyk wat oom gaan doen.

Ek het die musiek aangesit en oom het begin dans. Hy het aan die toekomstige bruid aandag gegee en daarna sy weg om die sirkel gebaan. Sy heupe het die meeste van die werk gedoen. Hy het sy pelvis naby mense se gesigte gedruk asof dit 'n mikrofoon is wat vorentoe, agtertoe, links en regs beweeg. Terwyl hy dans, het hy van sy neonbaadjie ontslae geraak. Hy was nou kaal bolyf. Almal het hom aangemoedig. Die bruidjie het geskaterlag. Die man het bietjie van sy broek begin aftrek totdat sy deurtrekker sigbaar was. Toe laat vaar hy die broek, stap na die skottel en begin die seepwater oor homself vryf. Die man het reg voor ons gebad en ons het hom betaal. Oom Stripper het sy nat lyf geskud soos 'n hond wat pas gebad het. Toe vat hy die bruid se hand, lê haar op die handdoek neer en begin oor haar dans. Hy het sy klokke bo haar laat lui, sy boude oor haar laat beweeg soos die maan. Toe tel hy haar op en dans verder met haar.

Vriendin het geskreeu en gelag terwyl hierdie man haar soos 'n tuimeltrein rondswaai. Sy was nie die enigste een wat deur hom natgespat is nie. Steeds nat geseepwater, het die man op ander mense se skote ook gedans.

Hy tel toe die handdoek op, sit dit om sy lyf en trek sy deurtrek-ker uit. Hy was nou poedelnaak voor ons en het met die handdoek om sy lyf gelyk asof hy pas gebad het. Toe vra hy die henne en die paar ramme of hulle reg is. Hulle het beaam. Blitsvinnig maak oom Stripper sy handdoek oop en wys vir almal sy geskiedenis en sy toekoms. Daar was gemengde reaksies oor die onthulling. Party het geskreeu, ander het gelag, sommige kon nie glo wat pas gebeur het nie. Hy het dit daarna bedek. En dit was die klimaks en die einde van sy vertoning. Ons het hom bedank en die man het sy geld gekry en seker elders vir mense gaan wys wat in hom steek.

Die man het dus voor ons gedans en gebad en daarvoor geld gekry. Ek wens ek het al vroeër van dié beroepsmoontlikheid geweet. Ek sou dit mos sterk oorweeg het. Alles wat hy doen, is wat ek doen sonder 'n gehoor. Dié tipe goed is wat mens tydens beroepsvoorligting moes uitgevind het.

Kan jy jou voorstel as 'n ontkleedanser met matriekleerders kom praat het om hulle aan te moedig om te strip? En sommer ook brosjures uitgedeel het met alles wat jy nodig het om die beroep te betree:

- Jy moet goeie kommunikasievaardighede hê, veral met jou lyf.
- Jy moet oortuigend genoeg wees as 'n konstruksiewerker of polisieman wat gaan ontklee.
- Jy moet goeie badtegnieke hê.
- Jy moet aanvaarbare geslagsorgane besit.

Oom Stripper was egter nie die eerste een wat ek teëgekom het nie. As studente moes ons indringende onderhoude met mense voer. Ek het besluit om 'n ontkleedanseres te nader – sien, ek het toe al geweet dit is my roeping. Sy was ook in haar veertigs (moet jy dan in jou veertigs wees om te strip? Hao), en het by 'n ontkleeklub gewerk. Sy het skreeublonde hare gehad en was so lewendig soos toe sy dit gekry het; die lyfie was plat asof sy van slaaibare ken. Die gesig en die hande het veral haar ouderdom verklap. Die gesig kan nog met grimering jonger gemaak word, maar die hande kondig 'n mens se ouderdom aan.

Hoekom doen die hande dit? Jare lank is hulle nie 'n probleem nie en doen hulle wat hulle moet, en dan besluit hulle om saam met jou regte ouderdom oud te word. Mens kan hulle nie wegsteek nie; jy gebruik hulle dan so baie. Dit sou beter gewees het as die voete oud geword het. Dit kan mens nog met skoene wegsteek. Jy kan jou hóé probeer mooimaak, maar as die hande nie by die gesig pas nie, gaan mense weet.

Shame, dit was baie duidelik dat tannie Stripper in haar jong dae mooi was. Die rasperstem was ook 'n aanduiding dat die lewe nie gaaf met haar was nie. Sy het 'n swaar lewe gehad en om te strip was haar verlossing. Sy het die beroep geprys. Sy was nie een oomblik spyt dat sy haar klere op 'n verhoog uitgetrek het nie.

Anders as oom Stripper het sy nie uitgegaan na mense se huise toe nie. Tannie Stripper meen dat mans aggressief kan raak; vir haar eie veiligheid het sy dus in die klub begin werk. Sy het privaat danse gegee, maar in die klub, waar daar beskerming is.

Geld het uit haar buuste gegroei, want sy het baie daarvan gemaak, selfs meer as tienduisend per aand. Die mans wat soontoe gegaan het, het geld spandeer asof hulle wandelende OTM's is. Daar was elke soort man. Jonk, oud, enkellopend en getroud. Daar gesit en gekwyl terwyl die vroue vir hulle dans. Hulle mag net gekyk het en nie geraak het nie – dit is seker waar die opwinding gelê het.

Sy het net goeie goed oor die beroep te sê gehad. Die perspektief is dat sulke beroepe uit desperaatheid gekies word. Dit is 'n mistasting; alle beroepe het die potensiaal om uit desperaatheid beoefen te word. Iemand kan 'n ingenieur word, maar dit is nie sy droom nie. Hy sing dalk of maak flieks, maar het geld en stabiliteit gekies. Dit is dan 'n desperate keuse. Ontkleedansers is nie noodwendig mense wat "misluk" het in die lewe en nou dít moet doen nie. Dieselfde as 'n kroegman of -vrou. Ek het gekyk hoe hierdie mense te werk gaan. Hulle is flink, vinnig en baie goed in wat hulle doen. Van die kroegmans en -vroue met hul tatoes en hul koel hare laat die werk sommer opwindend lyk.

Ek beskou ontkleedansers in dieselfde lig as prokureurs, dokters, rekenmeesters, onderwysers … Dit is 'n beroep. Daar is aanvraag – dit is nie hulle skuld dat mans so orig is nie. Die manlike geslagsorgaan is duidelik die simbool vir hennepartye. Hierdie mense maak bloot gebruik daarvan. Ons trek ook elke dag ons klere uit en aan, maar die enigste verskil is ons word nie daarvoor betaal nie.

Die beste beroep in die wêreld is om geld te spandeer – op jouself. As mens net winkels toe kon gaan en vat wat jy wil sonder om bekommerd te wees dat jou bankrekening jou gaan verraai. Daar is mos niks so erg as om by die toonbank te probeer betaal en die bankkaart sê vir jou voor die kassier hy is leeg nie. Jy moet óf lieg en maak asof daar geld in jou rekening is, maar jou bankkaart is kastig gebreek, óf die goed daar los en met trots uitstap. As jy 'n professionele spandeerder is, is daar nie sulke probleme nie.

Hierdie beroep moet ernstig oorweeg word. Ek bied graag my dienste aan. Ek het al baie goed vir myself gekoop en sal graag meer ervaring wil opdoen. Ek is uiters gemotiveerd en 'n harde werker wanneer dit by koop kom (vir myself). As jy my aanstel, sal jy beslis nie spyt wees nie. Ek belowe. My swak punt is dat ek 'n harde werker is wat dit betref.

Hoofstuk Twaalf

Ope brief aan die regering

Beste regering…of eerder, liewe regering…kom ons hou dit by regering…

Moet asseblief nie die brief opfrommel en weggooi nie; dit is nie 'n haatbrief nie. Ek wil vir julle dankie sê. Ek weet julle hoor dit genoeg, maar julle verdien om dit te hoor. 'n Mens kan nie aanhoudend hoor hoe sleg hy is, al was hy nooit goed nie. Soms moet mens opgebou word.

Ek moet erken toe julle e-tol bekend gestel het, het ek dit sterk oorweeg om iemand se tol af te sny. Ek was nie gelukkig nie. Het ek geskel? Natuurlik het ek. Wou ek in iemand se huis in? Dalk die persoon wat hierdie elektroniese dief aan ons bekend gestel het? Miskien. Het ek 'n e-tolskyfie gekry? Wie weet. Die punt is, ek was goed de moer in. Julle kan tog verstaan hoekom. E-tolle smash-en-grab ons. Dit smash ons bankrekeninge en grab ons geld. Daar is soveel wat reeds daardie takie op die paaie verrig. 'n Smash-en-grabber kan nog omgery word of met pepersproei 'n les geleer word, maar 'n e-tolhek oorleef daai aanvalle. Ek erken nie dat ek dit ge-doen het nie. Toe ek dit aanvanklik sien, het ek gedink dit is duur ligte wat op die snelweë gesit is om bestuurders te help om veilig by die huis te kom. Min wetend dat dit eerder 'n bankrower is wat seker maak ons kom arm by die huis aan en ons tot haweloosheid dryf. Die brief is egter nie om te kla nie.

Voor ek aangaan, moet ek ook erken ek het iemand se hele gesin oor beurtkrag gevloek. Ek weet dit het op een tydstip so baie soos ebola voorgekom. Ek was byvoorbeeld besig om die ketel te kook en toe gaan die krag af. Die ketel was nie warm genoeg nie en ek kon dus nie die water gebruik nie. Soms is ek ure lank in die donker in my eie geselskap gelaat. Dit was nie pret nie, nee, veral as die wind so gewaai het en die takke teen my venster geslaan het. Ek het gedink iemand probeer inbreek. Julle sal agterkom dat ek baie na misdaad verwys. Dis net, Amerika het tornado's in sekere dele en ons het klein k@kke orals wat ons van alles wil beroof. Daarom was ek nie 'n aanhanger van hierdie duisternis nie. Het ek gewonder hoekom daar nie vroegtydig maatreëls ingestel is om so iets te vermy nie? Miskien. Is iemand onbevoeg genoem? Seker. Die koue en donker laat mens vieslike goed kwytraak. Ek is egter dankbaar dat die ligte nie afgegaan het terwyl ek die brief getik het nie.

Ek gaan nou by die punt van die brief kom. Ek moet sê ek het al vir julle 'n pap wiel toegewens wanneer julle op die snelweg ry en die metropolisie stop ons en stamp ons omtrent van die pad af as julle op pad huis toe of na 'n restaurant is. Ek was self al baie honger en ek weet hoe vinnig mens by die winkels wil uitkom; nietemin, miskien was julle op pad badkamer toe. Ek het gewonder, geld die spoed-beperking ook vir julle? Kan julle 'n boete kry as julle die paaie soos Kayalami gebruik, of geld dit net vir ons? Dit is sommer vrae wat by my opgekom het terwyl ek vir julle gewag het om verby te ry na 'n vergadering by 'n kettingwinkel. Dit is egter nie die punt van die brief nie.

Ek besef julle het 'n liefde-haat-verhouding met die meeste Suid-Afrikaners. Hulle dink julle vang nonsens aan, maar tog stem hulle elke keer vir julle – dit is die liefdegedeelte. Almal sê konstant vir julle hoe onbevoeg julle is, maar hulle weet nie wat dit is om met 'n graad wat-ook-al die land te bestuur nie. Hel, ek het 'n graad en ek kan nie eers my huishouding bestuur nie – en ek bly nogal alleen ook. Ek verstaan heeltemal hoe julle kan sukkel om die land in orde te kry; julle moet eers jul eie huise in orde kry.

Ek wil vir julle dankie sê vir een ding: die oneindige vermaak wat julle aan ons verskaf in dié moeilike tye. As mens in jou donkerste uur kan lag, kan jy deur enige iets kom. Ek weet nie of julle dit doelbewus doen nie, maar ek wil dit glo.

Ek geniet die toesprake wat julle maak baie. Veral as daar 'n getal betrokke is, weet ek ons gaan nou lekker lag, want wat gelees gaan word, bestaan nie. Ek het lank gedink: Wie is hierdie persoon wat al die president en die ministers se toesprake skryf? Kan daardie persoon nie die getal verdomp uitskryf en nie die syfers gebruik nie? Dit gaan mos makliker lees. Toe, nadat dit 'n paar keer gebeur het, besef ek dat julle ons aandag wil behou en ons wíl laat lag. Ek hou van hoe die toespraak so ernstig is tot daar 'n getal verskyn en dan is dit soos 'n grappie wat ingewerk is. Ek was altyd skepties oor 'n regering met 'n sin vir humor, want ek voel hulle sal lag terwyl mense honger ly. Julle probeer egter nie te hard nie. Dit is hoekom ons jul humor waardeer, al is dit die enigste ding. Ek verstaan; dit is nie maklik om snaaks te wees in 'n toespraak oor finansies nie.

Dan die staatsrede. Dit is jammer dat die staatsrede nooit vir 'n SAFTA-toekenning genomineer word nie, want soveel aangrypende en vermaaklike drama het geen televisieprogram nie. Die staatsrede is ure lank, maar tog maak julle seker dat daar konstant iets plaasvind om ons aandag te boei. Dit bevat alles wat 'n goeie drama nodig het: spanning, verraad, en selfs liefdesdriehoeke (wanneer sekere politieke partye teen ander saamstaan). As mens so na die staatsrede kyk, is dit moeilik om te glo dat dit ons leiers is. Dit is soos om 'n fliek te kyk.

Vir hierdie goed sê ek vandag vir julle dankie. Ons vergeet vir 'n oomblik van die beloftes wat julle verbreek, jul skandale, ensovoorts...

Groete,
Piet

Beste Taxibestuurders (die "beste" nog betwisbaar)

Mens is oor so min in die lewe dankbaar en julle maak my dankbaar daarvoor om elke dag te lewe. Ek besef dat die lewe enige oomblik 'n ander wending kan neem met julle wat voor my ry. Ek is dankbaar dat julle my vinnig weer herinner het dat die lewe slegs vir ons geleen word en baie vinnig weer weggeneem kan word. Ek besef nou die lewe is soos 'n kroon by 'n skoonheidskompetisie wat per ongeluk vir die verkeerde meisie gegee is.

Taxibestuurder Een: Ek het die oggend vroeg opgestaan, laat soos gewoonlik, en die ketel aangesit, want daar is altyd tyd vir koffie. Ek het in die stort gespring, die nodige geskrop. Dit is uiters belangrik om altyd seker te maak dat jou walms nie in die pad staan van 'n goeie gesprek met iemand nie. Daarna het ek aangetrek, my koffie gesluk asof dit 'n shot is en in die pad geval.

Ek het my musiek kliphard gesit, want my kop wou nie dié oggend met my praat nie. Dit was op Jakaranda FM. Toe het ek nog in die Jakarandastad (Pretoria) gebly. Noem my maar die matriarg van patriotisme – maak dit sin? Basies is ek 'n ondersteuner en ek is lojaal. Ek het nogal nooit omgegee vir die jakarandas nie. Pers is 'n pretensieuse kleur, so hoogmoedig en beterweterig. Oor Pretoria en sy strate is ek wel mal. Die Pretoria-bestuurders wat nie 'n bakkie besit nie, sal ek enige tyd na 'n braai toe nooi. Hulle is so aangenaam en geduldig en gaaf. Tot jy voor my gery het, Taxibestuurder Een.

Al die padreëls het saam met rus en vrede by die venster uitgeval. Eers het jy my verras en amper veras met 'n onverwagse stilhou in die middel van die pad, sonder enige waarskuwing. Ek moes vinnig die remme trap. Op daardie oomblik het die oggend 'n wending geneem. Ek moes nou die musiek afsit en my verstand wakker klap, want jy, Taxibestuurder Een, het my geleer om vir jou asook vir myself te dink.

Ek hou van jou houding net nadat jy lukraak in die middel van die pad stilgehou het. Jou arm het by die venster uitgehang soos pap wat uit 'n pot kook. Jy het iets gekou – kougom. Jy het dit stadig gekou asof dit deeg is wat geknie word. Jou gesig was ontspanne. Wat jy pas aangevang het, was vir jou niks vreemds nie. Jy het nie eers jou tyd gemors om in my rigting te kyk nie. Berou? Gmf, wat is dit? Jy het niks berou nie. Jy het beheer. Beheer oor die pad en beheer oor my. Ek moet by jou reëls aanpas. As jy stop, sal ek nie ry nie. As jy ry, sal ek nie stop nie. Jy het 'n string karre opgehou en toe hulle durf vloek, groet jy hulle met 'n middelvinger.

Jy het toe aangery. Ek mag toe ook ry. Dié keer was anders; jy het stadiger gery. Netnou het jy vinnig gery en stilgehou, nou ry jy stadig. Jy beproef my geduld. Jy wil sien wat ek gaan doen. Die taxi ry net bokant nul kilometer per uur. Ek haal geduld uit my sak en kou stadig daaraan. Daarna toet jy opgewonde vir iemand langs die pad. Dié keer stop jy op die sypaadjie om die persoon op te laai – so asof jy my beloon omdat ek geduldig is. Ek steek verby. Nou kan ek weer my musiek aansit.

Groot fout. Ek het te gemaklik geraak. Toe ek weer kyk, voel my kar soos 'n limousine want jy is so naby my stert. Skielik toet jy vir my om uit jou pad te kom. Jy wys vir my 'n handgebaar. Jy is kwaad. Ek hou jou op. Ek ry te stadig. Nou is ek verward. Netnou het jy gery asof jy 'n spul toeriste vervoer en ek het my geduld gekou en gekou en aanhou kou. Noudat ek binne die spoedbeperking ry, vererg jy jou. Ek is ongelukkig nie braaf genoeg om honderd-en-twintig kilometer per uur in 'n sestig-sone te ry nie. So 'n gevorderde bestuurder is ek darem nie. Ek is nog 'n leek wanneer dit by spoed kom en ek kyk nog na die padtekens. Ek besluit nie sommer impromptu vir watse spoed ek lus voel nie. Ek weet, ek's 'n amateur.

Jy hou aan vir my toet. Ek hoor jou, maar behou my spoed. Jy steek my verby en wys vir my 'n middelvinger. Daai middelvinger werk die hardste van al die vingers aan jou hand, dit kan ek sien. Ek dink jy moet hom eerder met 'n ring beloon.

Nou is jy weer voor my. Jou spoed het verminder. Ek probeer nou ontrafel hoekom jy netnou so gejaag het. Jou arm hang weer by die venster uit, die musiek is hard. Nou het jou vriend wat ook 'n taxi bestuur, langs jou begin ry. Julle maak vensters oop en begin chat soos tannies wat pas van die salon af kom. Al wat julle kort is tee en 'n botterbroodjie. As julle klaar is met jul gesprek, ry jou vriend weg. Jou spoed is nog minder, want jy is besig om te ontspan.

'n Stopstraat is vir jou soos 'n boom. Jy neem kennis daarvan, maar dit beteken vir jou niks. 'n Robot is ook net 'n versiering. Ek sien jou stadig ry, maar wanneer jy by die verkeerslig kom en dit is so rooi soos bloed, skiet jy oor. Ek het agtergekom dat 'n rooi lig, oranje lig en groen lig alles dieselfde vir jou beteken – jy kan ry. Daar gaat jy oor die rooi lig; nou jaag jy weer asof jy op 'n klopjag is. Jy is weg. Ek haal asem, maar 'n ander een kom ry voor my in.

Hy besluit sommer ná 'n ruk hy is lus om na die ander baan toe te gaan. Jy weet, as ek lus is vir roomys, dan gaan koop ek. As ek lus is om te dans, dan speel ek musiek. As hy lus is om in die ander baan te kom, ry hy sommer oor die eilandjie. Lag-lag.

Ek bestuur al 'n halwe dekade en jy en jou vriende, liewe Taxi-bestuurder, het my geleer ek moet dankbaar wees dat ek lewe. Die groter les wat jy my geleer het is: Maak nie saak hoe haastig ek is nie, ek moet altyd bid voor ek bestuur.

Daarvoor wil ek dankie sê.

Jy het my ook geleer om respek vir jou te hê. Voor ek bestuur het, het ek per poot gekom waar ek moes wees, asook per taxi. Ek weet vandag as bestuurder ek moet ook dankie sê dat ek nie meer binne-in die taxi hoef te ry nie. Jy vat nie nonsens nie.

Ek het in jou taxi geklim en dit het soos my klerekas gevoel, dat daar altyd plek is vir nog. Al moet iemand op jou sit. Dit maak nie saak hoe wyd die oom langs my was en hoe lank die tannie nie. Daar moes vyf in daardie agterste ry en jy het daarvoor gesorg.

Jou taxi se vensters was verlede tyd, hulle was gewees. Nou was daar plastiek wat die skeiding tussen my en die wind was. Ek moet seker nie kla nie. Ek was nader aan die natuur.

Jou taxi was soos 'n ma wat pas aan baie kinders geboorte gegee het – moeg. Doodmoeg. Dit kreun met elke stop. Dit skreeu met elke ry. Dit gil met elke draai. Elke geluid vertel van ander pyn. Jy is lank getroud met hierdie taxi; die hulpkrete val op dowe ore. Vir jou is dit 'n geklaery wat nie aandag verdien nie. Jy sal fantasties wees in die regering – ook hulle lewer uitnemende diens wanneer dit kom by ignoreer. Almal kla altyd oor hoe die regering baie slegte diens lewer. Ek gaan nou vir hulle opkom. Stop dit! Hou op. Hulle is fenomenaal met 'n dowe oor gee. Hul ignoreervermoë is van die beste in die wêreld. Jy, Taxibestuurder, is in dieselfde klas as die regering. 'n Pluimpie vir jou.

Terwyl ek in jou taxi sit, sien ek een van die passasiers krap jou om. Die passasier het die vermetelheid om jou oor een of ander nonsens te konfronteer. Hoe durf hy. Julle twee raak nogal betrokke in 'n stewige woordewisseling. Dit is asof julle vlugbal speel en ek wag om te sien wie die bal eerste gaan laat val. Eintlik het die passasier, deur in die eerste plek met jou in jou taxi te argumenteer. Hy weet duidelik nie wie is die baas van die blik wat op genade vorentoe rammel nie. Hy dink dit is 'n demokrasie in jou taxi. Groot fout wat hy gemaak het.

Nou, ek het baie vroeg geleer dat al die passasiers in 'n taxi 'n span is. Ons werk saam en ons moet oor die weg kom, want ons is saam in die ding. Die ding is die skreeuende taxi. Ons klou aan mekaar vas as die bestuurder besluit om 'n wilde draai te vat of oor die rooi lig te ry. Ons huil saam wanneer hy so stadig ry en ons weet ons moet by die werk kom. Ons bid saam wanneer hy ry soos 'n rugbyspeler wat 'n drie moet druk. As een van ons opmors, word ons almal gestraf.

Nou, die passasier het aanhou argumenteer met jou asof hy op 'n geselsprogram op SABC1 is. Hy het eers besef hy mors met 'n byenes toe jy omdraai en hom begin slaan terwyl jy bestuur – vroue is nie die enigste wat meer goed op 'n slag kan doen nie. Jy het dit daardie dag bewys, Taxibestuurder. Jy het hom aanhou slaan. Die man het gekeer. Die taxi het oor die pad geseil. Heen en weer. Jou oë het kort-kort vorentoe gekyk, maar jou aandag was agter by die man.

Daardie dag het ek dit berou dat ek min in my lewe gekuier het. Ek het gewens ek het meer gedoen, want my lewe sou kortgeknip word. Ek wou nog altyd drank in 'n fliek skelmpies in my koeldrank meng om die kykervaring genotvol te maak. Ek wou nog altyd die gesig van 'n tande- of klereadvertensie wees. Ek het so baie drome gehad, maar op daardie oomblik het dit begin lyk asof dit nooit waar gaan word nie.

Jy het net geslaan. Die tannies agter het die vrede probeer bewaar en vir Passasier gesê om verskoning te vra. Passasier moes. Hy het vinnig uitgevind dat jy nie speel nie. Daarna het jy verder op die pad gefokus. Ons was almal stil. Dit het skoon gevoel asof die res van ons ook slae gekry het. Nie een van ons het gedurf om jou aan te vat omdat jy amper die einde van ons dae beteken het nie. Ons wou net in een stuk by ons bestemming uitkom.

Taxibestuurder, jy is net soos 'n onderwyser, sonder die omgee-deel. Jy is kwaai en verwag absolute stilte. Wanneer ek jou nie gehoorsaam nie, sal ek die gevolge dra. Indien ek aanhou om stout te wees, sal jy my pa bel – in dié geval die Here. Jy sal selfs dreig om my soontoe te vat.

Ek vrees jou. Ek het gesien hoe ruk en pluk jy 'n meisie wat nie in jou taxi wou klim nie, maar eerder in 'n ander. Jy het haar gemerk. Sy was joune. Niemand anders kon haar keer nie. Jy het haar gevloek omdat sy in jou taxi se ry gestaan het en later na 'n ander, leë een gestap het. Jy was ontsteld, ontstig. Sy het mos nie die vryheid gehad om te kies waar sy wil ry nie.

Ek dink min mense verstaan dit. Suid-Afrika mag dalk 'n demokrasie wees, maar op 'n pad waar daar taxi's is, is dit 'n outokrasie.

Ek respekteer julle uit absolute vrees.

Groete,
Piet, bang Piet

Hoofstuk Veertien

Geagte Rugbyondersteuners

Ek skryf hierdie brief omdat ek uiters bekommerd is oor jul welstand en jul gesondheid. Julle raak so opgewonde oor hierdie sportsoort, ek's bevrees julle kom dalk iets oor. Iets soos rugbyvirus. Die siekte is besig om handuit te ruk en niemand wil daaroor praat nie. Dit is 'n realiteit. Ek sal nie medemens geag word as ek niks sê nie. Die regering probeer dit van julle wegsteek, maar ek breek die seël. Die waarheid moet uit.

Ek was in 'n baie Afrikaanse skool, Hoërskool Waterkloof, in die ooste van Pretoria. Daar het ek die eerste tekens van rugbyvirus gesien. Moet my nie verkeerd verstaan nie; ek was mal oor Waterkloof, omdat hulle volgens konkrete bewyse een van die beste skole in die land was/ is. Rugby was koning. Hier het almal hom vereer en lof toegeswaai.

Waterkloof se grootste mededinger was die Affies. Die Afrikaanse Hoër Seunskool, of was dit nou Afrikaanse Seuns Hoër of was dit nou die Seuns Hoër Afrikaans? Ek kon nooit die naam onder die knie kry nie. Hulle was Waterkloof se grootste rugbykopseer, want hierdie Afrikaanse seuntjies kon goed rugby speel en hulle het die meeste van die tyd gewen. My teorie is dat hulle net dit by daardie skool aangebied het: rugbywetenskap, rugbywiskunde, rugbyrekeningkunde, rugbydrama, rugbymusiek. Alles net rugby.

Elke keer dat Waterkloof teen Affies gespeel het, was dit 'n groot ding. Daar is opgewarm en opgepsych. Dit het gevoel asof dit die Wêreldbeker-rugbytoernooi is. Dan gaan speel ons en dan verloor ons. Toe draai die geluk en gee ons skool 'n hupstoot. Ons het een keer gewen en is toe beloon met 'n dag se vakansie by die huis. Waar in jou lewe kan 'n akademiese dag opgeoffer word oor ons rugby gewen het? Hier is 'n duidelike voorbeeld van rugbyvirus.

Daarna het ek by die Noordwes-Universiteit se Potchefstroom-kampus gaan studeer. Die stomme kampus is ook maar deur baie omdat hulle witter as melk is. Niks fout daarmee nie, jy het die volste reg om wit te wees. Ek was in Patria-manskoshuis. Hoewel mans-koshuise op die kampus dit nie sal erken nie, is rugby in hul waardes, visies, reglemente. Patria se grootste kompetisie was Veritas; hulle het gewen en dan wen Patria en weer Patria, en so aan. Hierdie jongmans was so besmet met die rugbyvirus, dit was te laat om hulle te red. Die virus het oral in hul selle gedupliseer en hul menswees oorgeneem. Al waaroor sommiges kon praat, was rugby.

Die departement van gesondheid is bang om hierdie statistieke bekend te stel: 99 persent van Afrikaanse families het rugbysiekte. Dit is geneties. Daar is 'n groter kans vir mans om dit te kry as vroue – hoewel sulke gevalle wel bestaan. Mans dra dit gewoonlik oor aan hul seuns, ensovoorts.

Hier is van die simptome:

Facebook-dokumentasie: Wanneer 'n mens op sosiale media baie emosioneel raak oor 'n rugbywedstryd. 'n Speler word gewoonlik sleg-gesê. Die dokumenteerder gee ook raad asof hy 'n kenner is. Hy is gewoonlik uitgesproke. Hy kan vir jou maklik vertel watse speler nie verdien om daar te wees nie, al het hy laas op hoërskool rugby gespeel. Verder publiseer hy die telling op sosiale media asof dit matriekuitslae is. Hy raak ook in diep en emosionele argumente betrokke op die sosiale platforms.

Bier en biltong: Bier is kenmerkend van iemand wat die rugby-virus het. Dit gee hom die krag om heeltyd op te staan en te gaan sit elke keer dat dit lyk asof sy span 'n drie gaan druk, maar nie slaag nie. Die bier gee hom die stamina vir die op-beweging. Dit stuur seine na die brein om vir 'n oomblik te vergeet van die boep wat as versperring dien. Die biltong help vir die af-beweging.

"Go boys!" is 'n tipiese uitroep wat gebruik word wanneer die virus die tong tref. "Komaan!" is ook baie algemeen. "F*kkit" kom baie voor. "Aaa" en "Ooo" is ook manifestasies van die rugbyvirus.

Bakkies: Dit is die heel gevaarlikste teken. Indien die persoon 'n bakkie bestuur, kan hy nie genees word nie. Die bakkie sal Blou Bul- of Stormers-plakkers vertoon – of waarvoor hulle ook al skreeu. Maak gereed vir die ergste as hy veral 'n dubbelkajuitbakkie ry. Die persoon se toestand raak dan kritiek en hy speel rugby-musiek kliphard in die bakkie. Agterop sal 'n braaier en bier wees. Hy sal hom ook die kleur van sy rugbyspan verf. Hy besit 'n losie by Loftus en as hy kon, sou hy daar gebly het. Hy kan vinnig handgemeen raak in die naam van rugby. Sy brein neem ook volkome die vorm van 'n rugbybal aan.

Dit is net 'n paar van die simptome; daar is nog baie ander. Die rugbyvirus is baie ernstig, maar geen sterftes is nog gedokumenteer nie. Die regering wil dit toesmeer nes hulle alles toesmeer. Hulle wil voorgee dat alles onder beheer is. Loftus loop elke naweek oor van mense wat aan dié siekte ly. Niemand doen iets daaraan nie. Dit klink ook nie of daar aan 'n kuur gewerk word nie.

Ek het ook eens op 'n tyd raakrugby gespeel. Fisiek sal ek nooit die regte een kan oorleef nie. Tot vandag weet ek nie eers hoe ek dit gespeel het nie, want ek verstaan nie rugby nie. Wat presies is die doel van 'n skrum? Dit lyk soos 'n groep mans wat dink en hoop die bal gaan hulle help, en dan vlieg die bal en lyk dit skielik soos iemand wat agter sy vriend aanhardloop omdat die vriend sy foon gesteel het. Dan gee jy die bal 'n drukkie terwyl jy val en jy noem dit 'n drie. Intussen slaan en takel mense mekaar oor 'n bal. Koop vir almal een, dan hoef niemand daarvoor te baklei nie.

Ek sal nooit die rugbyvirus kan kry nie. Ten minste doen dit nie veel skade nie, maar pasop.

Hoofstuk Vyftien

Liewe Kinderhuisouers

Gedurende my tien jaar in die kinderhuis het ek so elf van julle gehad en dit was inderdaad 'n belewenis, maar vandag wil ek vir van julle briewe skryf. Moet my nie verkeerd verstaan nie; ek was mal oor die kinderhuis. Ek het geen suur druiwe nie. Ek was in dié tyd in verskillende huise en het verskillende huisouers gehad, en julle het bygedra tot vermaak en oorlewing.

Kinderhuistannie Een: Vir jou wil ek vandag om verskoning vra vir die keer toe ek skelm gelag het toe jy val. Dit was laatmiddag, net voor etenstyd. Ek het voor die kospotte gestaan, want jy het my geleer kook. Ek het geroer en gespesery asof ek op 'n kookprogram was. Jy het bo die trappe gestaan – daar was vier van hulle. Jy het na die etenstafel gekyk en jy was ontstig toe jy sien dit is nog nie gedek nie. Toe begin jy gil: "Hoekom is die tafel nog nie ..." Voor jy jou sin kon klaarmaak, het jy jou balans verloor en teen daardie vier trappies afgerol. Jy het by die etenstafel tot stilstand gekom. Ek was die enigste een wat dit aanskou het. Ek wou jou vra of jy oukei is, maar voor ek dit kon doen, het jy op jou knieë gegaan en jou hande teen die tafel geslaan en verder geskreeu: "Hoekom is die tafel nog nie gedek nie!" Met elke woord het jy die tafel geslaan. Ek moes toe stilbly, want as ek my mond oopgemaak het, sou daar 'n skaterlag uitgekom het. Ek het my kop effens gedraai om my glimlag weg te steek – wreed, ek weet. Jy het niks gesien nie; jy was net kwaad oor die tafel nog nie gedek was nie. Daar het nie eers 'n "eina" uit jou mond gekom nie. Weet net: Ek wou vra of jy oukei is. Jammer.

Kinderhuistannie Twee: Ons almal het talente gekry en joune was beslis nie om te kook nie. Ek weet 'n mens moet dankbaar wees vir die kos wat jy kry, maar om amper lewende vleis te eet en dit met jou tande te probeer doodmaak, was nogal 'n stryd. Jy het daai bief lank genoeg in die pot gesit om te slaap, maar nie om dood te gaan nie. Dit was taai en het die vorm van kougom aangeneem. Ek het eers agtergekom kook is nie 'n talent van jou nie toe jy die pap so hard gemaak het, 'n mens moes dit byna met mes en vurk eet. Ek het darem geweet hoe om te kook en het jou gevra of ek asseblief pap kan maak. Wat ek egter uitgelaat het, is dat jou kokery veel te wense oorgelaat het. Ek het voorgegee dat ek wil leer. Jy het my toestemming gegee om in die oggende pap te maak. Jy het my nie heeltemal vertrou nie, daarom het jy langs my in die kombuis gestaan terwyl ek dit doen. Ek het jou daardie dag gewys hoe om gladde, romerige en eetbare pap te maak. Daarna kón jy. Ek moes ook ingryp met die bief, want my tande was gereed om te staak. Ek het so nou en dan Sondagkos gemaak, danksy Kinderhuistannie Een. Ek hoop jy het intussen 'n resepteboek opgetel en die instruksies getrou begin volg. Moenie improviseer nie; kry eers die basiese onder die knie en vat dit van daar af.

Nog iets. Ek moet bieg. Jy het vir ons gesê ons mag net een keer 'n dag koffie kry. Elke keer dat jy gery het, het ons skelmpies koffie gemaak en gedrink. Jy het ook die melk weggesteek en vir ons poeiermelk gegee. Ons weet jy het saam met jou kind melk gedrink. Ek het net 30 persent van jou gehou, tot jy en jou kind kaas voor ons geëet het terwyl ons konfyt moes eet. Toe hou ek fokkol van jou.

Voor ek vergeet. Ek was geskok toe ek sien hoe jy kruideniersware koop, sonder 'n lys. Jy het letterlik deur die rakke geloop en ingegooi. G'n wonder ons het so baie pasta gehad nie. Ek hou egter baie van pasta – jy kan gelukkig wees. Ek dink wat ek probeer sê is: Bly weg van die kombuis.

Kinderhuistannie Drie: Vir jou wil ek sê: Onthou, ontbyt en middagete is twee verskillende maaltye. As jy van die een onthou het, sou hulle jou nie weggejaag het nie. Ek weet mens vergeet partykeer, maar kinders onthou.

Kinderhuistannie Vier: Ek weet ons het nie van mekaar gehou nie. Die oomblik toe jy vir ons sê die enigste ding wat ons op TV mag kyk is *7de Laan*, het ons verhouding versuur. Jy het heeltyd vir my gesê ek dink ek is King George. Ek was nie bekend met die verwysing nie. Wie was dit? Tot vandag toe het ek nog nie King George gegoogle nie. Ek weet dit was nie veronderstel om 'n belediging te wees nie, maar dankie. Ek is ook jammer dat ons paaie so sleg moes skei. Nee, wag. Ek is nie so jammer nie. Jammer dat ek nie jammer is nie. Jammer.

Ek onthou toe ons van huis verander het. Die maatskaplike werker het ons gevra of jy saam met ons na 'n nuwe huis moet trek, Kinderhuistannie Vier. Die maatskaplike werker het vir ons gesê ons kan haar vertrou, en ek het toe gal gebraak omdat ek, King George, nie baie van jou gehou het nie. Jy het niks leliks aan my gedoen nie, maar ons het nie oor die weg gekom nie. Dis wat ek gesê het, en toe hardloop die maatskaplike werker en vertel jou alles wat ek van jou gesê het. Onthou jy? Ek het uitgevind sy het dit vir jou gesê toe ons om die etenstafel sit en jy in die gebed alles herhaal wat ek vir haar gesê het. Daarna was die atmosfeer so koud soos die vrieskas.

Kinderhuistannie Vyf: Ek moet sê, vir jou het ek gelike, al het die huis na hondepiepie geruik want daardie hond van jou was nie geleer om in te hou en buite te pie nie. Shame, die huis was chaoties met jou daar. Jy het min van organisasie geweet, en dit komende van my wat self sleg is om my goed agtermekaar te kry. Ons was mal oor jou. Ná jou het Kinderhuistannie Ses gekom. Sy het weer orde geskep. Ons het aan die begin nie van haar gehou nie, maar later het sy een van my gunstelinge geraak. Ek en sy het saans fancy kaas geëet, koffie gedrink en gesels.

Kinderhuisoom Een: Ek vergewe jou vir die keer toe jy al die kinders vir roomys gevat het, behalwe vir my. Toe ek vra of ek kan saamry, toe sê jy daar is nie genoeg plek nie. Ek en jy het regtig nie langs dieselfde vuur gesit nie. Nè?

Ek wil glad nie soos 'n ondankbare kind klink nie. Dankie dat julle my by die skool op- en afgelaai het, hoor. Dankie vir dié wat wel lekker kon kook. Ek het by julle geleer hoe om boerekos te maak. Ek moet bieg, ek het lanklaas vir myself gekook; ek sal weer in my kopargief gaan krap vir die resepte.

Dan was daar tannie Veronica en oom Fanie. Fantastiese huisouers. Hulle het ons almal soos hul kinders laat voel. Ons almal was hartseer die dag toe hulle loop. Die res het ons met 'n glimlag gegroet.

So, Huisouers: Ja, ons het hier en daar 'n hobbel getref, maar dankie vir die vermaak en frustrasie. Sonder julle sou die lewe vervelig gewees het. En groete vir die tannie wat die een Sondag net vir haar eie gesin poeding gemaak het en die kinderhuiskinders moes haar waterige kos eet.

Hoofstuk Sestien

Liewe Medekinderhuiskinders

Ek mis julle, partykeer. Ons is deur dik en dun en weer deur dik. Wanneer speel ons weer 'n bietjie wegkruipertjie? Vrydagaande in die kinderdorp was altyd lekker (die kinderdorp het twintig huise, 'n kerk en 'n snoepie gehad). Ons kon saans tot negeuur uitbly en ons het altyd wegkruipertjie gespeel.

Ons het ook toktokkie gespeel. Dan hardloop ons giggelend weg en dink niemand het ons gesien nie. As ons by die huis kom, dan is ons in groot moeilikheid, want die ander huistannie het reeds ons huistannie gebel.

Onthou julle hoe ons TV gekyk het? Dit was nog *Dragonball Z*. Dit was ons gunsteling, en dit was een van die min tye dat daar harmonie was. Die huistannie het ons herhaaldelik geroep om te kom eet, maar ons was te vasgenael voor die TV. Die volgende oomblik storm sy in en knip die kragkabel af sonder om 'n woord te sê. Toe hoor ons dit is etenstyd. Daarna het ons die gesnyde TV-koord se koperdrade skelmpies om die verwarmer se kragpunt gedraai, en so warm gekry én TV gekyk. Ek besef nou hoe gevaarlik dit was. 'n Kind maak 'n plan. Dit was nog winter – twee vlieë met een klap.

Dan was daar die keer toe ek en een van julle die huistannie help kook het. Ons het nog spek gemaak. Toe sy terugkom, was die spek bietjie minder. Ek kan nie onthou of my kinderhuisbroer daarvan geëet het nie, maar sy was briesend. My kinderhuisbroer het probeer verduidelik dat hy nie daarvan geëet het nie. Sy het hom nie geglo nie. Met die woorde

"Wel, vat die res!" gryp sy toe die pan met spek en gooi hom daarmee. Gelukkig het dit teen daai tyd afgekoel. Ek het hom die stukkies help optel. Ek wou bietjie lag, maar was bang ek word met die sous getref.

Ek en my kinderhuissussie het eenkeer in studietyd koeldrank uit die yskas gedrink. Die tannie het daarvan uitgevind, met die paplepel ingestorm gekom en my hande vuurwarm geslaan. My kinderhuissussie was ouer as ek en 'n bietjie groter. Die kinderhuistannie het haar toe ook met die paplepel bygekom. Dit was egter die verkeerde dag om met kinderhuissussie te mors. Ná sy 'n pak slae gekry het, het sy die kinderhuistannie met een hou teen die bors gemoker. "Moet my nie slaan nie," het sy gesê. Die kinderhuistannie was geskok. Ek ook. Dít het ek nie verwag nie. Gewoonlik aanvaar ons die pak en beweeg aan. Nie sustertjie nie. Van daardie dag af is sy nie weer geslaan nie.

En onthou julle die Wimpy in Elarduspark? Hulle het ons party Sondae verniet by hulle laat eet. Ons het heerlik gesmul en daarna moes ons by die toonbank "Ons sê baie baie dankie" gaan sing. Dit was snaaks, want die hele Wimpy het gekyk.

En ABSA, hulle het mos elke jaar vir ons Kersgeskenke gegee. Dit is die laaste goeie herinnering wat ek van hulle het. Nou ry hulle my met die bankkoste. Ons moes vir hulle 'n liedjie sing om dankie te sê. Ek het een vir hulle geskryf en ek onthou dit steeds na meer as tien jaar:

God is like the morning, think about it – today!
He is like my mom and daddy, I'm getting excited – tomorrow!
He is the one that guides me, He heals my hunger pain, that's why I
thank God for giving me you – together!
So he gave me A for the love and the Ability to strive!
He gave me B for Believing in me to make a difference!
He gave me S for Seeing that I have a future!
I give you A for Appreciation and a grateful heart!
A! B! S! A! – ABSA, we thank you!

LOL! Dankie hoor, ABSA. Maak nou jul bankkoste minder dat ek nog 'n liedjie kan skryf.

So, my broers en susters. Ek sien van julle is getroud en het kinders. Ek is bly dat die lewe vir julle mooi uitgedraai het, hoor. Daar was baie goeie, lekker tye ook.

Groete,
Piet

Ag, gaan vlieg, man!

Hoe kan julle so rustig sit? Ons gaan val. Is ek die enigste een wat dit sien? Ons gaan tussen die berge neerploeg. Niemand gaan ons ooit weer kry nie. Julle sit en slaap. Julle gesels.

Ek is bang vir baie dinge en vlieg is een van hulle. Hoekom is ek die enigste een? Al die ander is so nonchalant oor die feit dat ons in 'n stuk swaar metaal in die lug is. Ek het so baie vrae. Hoe bly dit in die lug? En hoekom val dit nie as dit so op en af beweeg nie? Dit maak tog nie sin nie. Hoe aanvaar almal dit net?

Toe ek 'n joernalis was, het ek in 'n ligte vliegtuig gevlieg en ek belowe ek sal dit nooit weer doen nie. Ek het hierdie kontrak met myself opgestel en dit geteken. Ek sal myself weens kontrakbreuk hof toe sleep indien ek dit durf waag om poot of klou op 'n vliegtuig te sit. En ek hoop ek sit lank agter tralies. (Kan kontrakbreuk mens agter tralies laat beland?)

Ons het vroeg die oggend van Waterkloof-lugmagbasis af gevlieg; nee, ons *sou* vroeg vlieg. Ek verduidelik gou hoekom ons eintlik later vertrek het. Ons het so vyfuur daar opgedaag. Dit beteken ek moes halfvier wakker word om myself te begin moed inpraat oor wat nou gaan plaasvind. Toe het ek g'n kalmeerpil besit nie. Gebed was die enigste ingryper.

By my aankoms by die lugmagbasis het ons baie vinnig in die ligte vliegtuig geklim. Ek was bang, maar in beheer. Ons het reggemaak om te vertrek en die sitplekgordel het so styf aan my gesit soos die swart aan my vel. Ons het opgestyg. Alles het oukei gegaan. Ons was nie eers vyf minute in die lug nie, toe moes ons omdraai en weer gaan land, want daar was fout met die vliegtuig. Dit het nie my vreesvlakke goed gedoen nie. Hier was ek klaar in 'n toestand. Ons het veilig gaan land en moes in 'n ander, soortgelyke vliegtuig klim. Ek wou uiteraard nie, maar moes maar net. Ek is immers 'n man en 'n man moet sterk wees. Ek was dus sterk.

Drie van die ander mense wat saamgery het was heel gemaklik. Hulle het dit nie vreemd gevind dat ons moes land nie en het sonder huiwering in die ander klein vliegtuigie geklim. Grappe is nog met die vlieëniers gemaak asof wat gebeur het, heel vermaaklik was. Ons het gerus en vir die tweede keer probeer om in die lug te bly. Ek het e-posse aan die Here gestuur soos 'n baas aan sy werknemers. Dit was versoek op versoek om ons veilig te hou, om die klein blik tog in die lug te hou, want ek is te wakker vir die ding om te val.

Dit was nog net die begin van my vyf uur lange nagmerrie. Ja, ons het vyf uur lank Kaap toe gevlieg. Ons moes selfs in Bloemfontein stop om te urineer voor ons verder kon vlieg. Ek weet jy dink road trip. As dit maar net was. Dit het eerder gevoel soos 'n road trip op 'n pad met baie slaggate, of eerder slaggate met 'n pad.

Die vliegtuig het in die lug gehop asof dit op 'n trampolien was. Op een tydstip het ons deur 'n lugholte gevlieg en die vliegtuig het so vinnig gesak dat dit kompleet gevoel het ons gaan val. My vingers het in die sitplek ingesink. Ek het vasgeklou asof my lewe daarvan afhang. Veral toe ons oor die berge vlieg en die vliegtuig skud, so asof dit musiek hoor. Ek wou vra of alles oukei is, maar het eerder nie. Ek het penregop gesit en my oë was groter as daardie vliegtuig se wiele. Ek het nou ophou e-posse hemel toe stuur. Nou was dit oproepe en Please Call Me's. Ek het vir die Here gevra om asseblief 'n kussing op die grond te sit ingeval die ding neerploeg.

Ek was nie gereed om in 'n fliek te wees nie, een van daardie oorlewingtipe flieks waar die vliegtuig val en die mense is so honger hulle begin mekaar eet. Ek hou dan van KFC, gaar kos. Waarmee sou ons daai ouerige joernalis wat lê en slaap, gaarmaak? Waar sou ons die vuur kry? Ek wou nie geforseer word om mensvleis te eet nie. Vir mý kon hulle nie eet nie, want ek is net been. Hulle sou my kon gebruik om tent op te slaan. En water – waar sou ons dit kry? Ek hou nie van die kleur of reuk van piepie nie. En daar is nie eers 'n yskas om dit koud te maak nie.

Hierdie vliegtuig het Kaap toe gehop. Dit het skoon vreemd gevoel as dit vir 'n rukkie normaal gevlieg het. Net as ek gemaklik begin raak het, het dit weer die ritteltits begin kry en ek het die horries gehad en wou net uitklim. Om te vlieg is nie soos om in 'n kar te wees nie. Nee. Jy kan stop en uitklim. En ek wil nie hoor dat die kanse groter is om in 'n kar te verongeluk as in 'n vliegtuig nie. Dit stel my nie gerus nie. Die feit dat die twee vergelyk word, maak my bang. Jy hoef nie matriek te hê om die K53-toets te skryf nie. Jy moet egter baie meer doen en weet voor jy kan vlieg. Ek verwag nie vliegongelukke nie. Niemand moet eers durf om met daardie nonsens na my toe te kom nie.

Wat my erger as 'n toaster in die bad geskok het, is die feit dat die ander passasiers in die vliegtuig geslaap het. Ek het gedink hulle het miskien hul bewussyn verloor van pure angs. Ek was verkeerd; daar was hier en daar 'n snorkgeluid. Ek het op 'n kol mal gevoel omdat ek so bang was. Ek is jammer – dit is onaanvaarbaar. Van wanneer af aanvaar ons dat 'n vliegtuig 'n hup in sy vlug het? Ek weier om vir die mal een uitgemaak te word. Julle wat slaap terwyl die blik geskud word asof dit 'n gebreekte TV is, júlle is mal. Julle is van daardie mense wat 'n leeu sal vryf. As 'n huis afbrand, sal julle begin braai. As daar 'n sikloon is, sal julle gaan swem. Julle sal wolwe aanhou asof hulle honde is.

Wees tog saam met my bang! Ons gaan val! Dis die einde! Dit voel altans so...

Hoofstuk Agttien

Piet en die kind:
'n tragedie

Toneel 1

Dit is 'n rustige Sondagmiddag met 'n knippie postnaweekdepressie. Maandag begin stelselmatig in die lug hang soos waterstofsulfied (H_2S) – die vroteierreuk wat erger as 'n regte vrot eier ruik. Piet en sy jonger broer Soteria loop in die winkelsentrum rond. Ja, sy regte naam is Soteria, 'n Griekse naam uit die Nuwe Testament wat bevryding, bewaring, veiligheid of redding beteken. Hy noem homself Soutie. Ek noem hom Soutvleis.

En ja, Piet. Dit ook is 'n bomskok vir die meeste mense. Almal verwag hy moet Thabo of Mpho of Tsepho wees. Sy naam is baie kakie en Voortrekker.

Die twee broers loop en gesels.

Soteria (*geskok*): Jô!

Piet (*skrik en koes*): Wat? Wat gaan aan?

Piet koes omdat hy as misdaadverslaggewer weet dat die booswigte nie bang is om ook in die middel van die dag met hul vuurwapens te kom inkopies doen by 'n winkelsentrum nie; hulle kry gewoonlik 100 persent afslag.

Soteria (*steeds verbaas*): Daai meisie is so mooi. Kyk hoe lyk sy. Jô!

Piet (*rol oë*): Maak asseblief asof jy iets gewoond is. Ek dog ons word aangeval.

Skielik verskyn 'n ma met haar kleuter wat gil. Die kind wil duidelik nie vasgehou word nie. Hy soek sy long walk to freedom. Die ma probeer alles in haar moedelose vermoë om die toekomstige rebel te tem.

Ma (*geduldig*): Nee, jy kan nie loop nie. Speel met die bal.

Kleuter: Whaaaaaaaaaa!

Ma: Boeta, asseblief. Mamma gaan vinnig wees. As jy soet is, sal ek vir…

Kleuter: Whaaaaaaaaaa! Whaaaaaaaaa!

Ma (*verloor haar humeur*): Ek gaan jou 'n pak slae gee as jy nie nou dadelik ophou nie. Ek het mos vir jou gesê jy kan nie loop nie. Jy maak geraas.

Onmiddellik gaan die klein gillertjie oor na 'n nuwe vlak van histerie, want hy word mos nou gedreig. Die moeder gee op en sit hom neer. Wanneer sy voete die grond raak, is dit asof sy demperknoppie gedruk is. Hy lag en begin rondhardloop. Die winkelsentrum behoort skielik aan hom. Hy begin vir die mense waai en praat met hulle in sy kleutertaal. Die ma het tou opgegooi. Sy hou hom net in sig, maar doen nie moeite om agter hom aan te hardloop nie. Dan nooi die kind homself in Piet en Soteria se geselskap in.

Soteria (*geamuseerd, aan kleuter*): Hallo! Wat maak jy? Waarheen gaan jy?

Piet (*glimlag ongemaklik*): Hallo. Oukei, baai.

Die kind gaan nêrens nie. Hy kyk vir Piet en sê iets.

Piet (*geforseerd vriendelik*): Jou mamma roep jou. (*Aan Soteria*): Hoekom wil hierdie kind nie gaan nie?

Soteria (*min gepla*): Hy kom groet net. Los hom.

Die kind merk vir Piet. Hy kan aanvoel Piet en kinders kom nie oor die weg nie. Hy glimlag en wys in Piet se rigting. Piet lig sy skouers, want hy verstaan nie wat die kleuter probeer sê nie. Die kind is nie van plan om te loop nie. Die ma is 'n ent agter. Sy glimlag, min gepla, want haar kind het mos nou geselskap. Piet wil net hê die kleuter moet gaan. Die kleuter weet Piet wil hom nie daar hê nie. Daarom terroriseer hy Piet. Piet besluit om nie meer in die kleuter se rigting te kyk nie. Miskien sal hy weggaan.

Piet (*aan Soteria*): Waar dink jy moet ons gaan eet?

Die kind tik aan Piet. Begin te lag. Piet glimlag steeds ongemaklik. Weet nie wat om te doen nie. Die kind koggel hom. Pers hom af. Die kind word die antagonis in die verhaal. Piet is magteloos, want hierdie kleuter het op hom ingezoem.

Piet (*aan Soteria, tussen sy tande deur*): Hoe kry ek hom weg van my?

Piet is angstig. Soteria roep die kind, probeer sy aandag van Piet aflei. Die kind trap vir 'n oomblik in die lokval. Hy kom dan agter die kap van die byl en besef Soteria probeer hom flous. Dan vestig hy sy aandag weer op Piet. Nou wys hy nie meer nie, hy staar net na Piet en lag met wrede intervalle. Dit is 'n tipe martelingstaktiek. Piet probeer sy bes om kop bo water te hou, want hy is baie na aan knak.

Die ma is steeds 'n ent agter Piet en Soteria. Sy kyk toe hoe haar kind Piet verrinneweer. Skielik het Piet en Soteria haar kind se oppassers geword. Sy is net te dankbaar, want oomblikke gelede was sy die slagoffer en nou loop iemand anders deur.

Piet (*in sy kop, in trane*): Wat wil jy van my hê? Ek sal jou my skoen gee. Vat my beursie. My horlosie wat my broer my gegee het. Sê net wat jy wil hê. Ek wil net hê die lyding moet stop. Asseblief, ek soebat jou. Jy wen. Jy wen. Jy het my geknak.

Terwyl Piet innerlike verbrokkeling ervaar, besluit die ma uiteindelik om haar klein terroris te roep, want sy wil nou na 'n ander winkel gaan. Piet is verlig, want hy moet kort-kort sy oë knip om die trane te keer.

Van daardie dag af is Piet bang om in die winkelsentrum rond te loop, want hy weet nie wanneer en waar die kleuter gaan toeslaan nie.

Die einde.

Ek moet skaamteloos bieg: Ek is nie mal oor kinders en hul dinge nie. Dit is nie die kinders se probleem nie, dit is myne. Ek probeer my bes om hulle te vermy. Ek wil hulle nie optel nie en nog minder met hulle praat. Ek glo as hulle eendag ouer is, sal ons iets hê om vir mekaar te sê, maar vir eers is daar genoeg mense wat dink hulle is oulik.

Ek weet dat hulle volgens hul ouers die kostelikste goed kwytraak. Ouers kan dit gerus deel. Die ma het immers die kind nege maande lank gedra; sy moet genot uit hom/haar put. Ek deel ongelukkig nie die sentiment nie.

"Wag tot jy self pa word." Nee, ek sien dit nie in hierdie leeftyd gebeur nie. Ons almal word gawes in die lewe uitgedeel, maar daardie een is nie vir my nie.

As hulle tieners word, is hulle erger. Hulle ken dan nog meer woorde om jou mee af te kraak. Hulle gaan deur vreemde fases. Ek kon nooit die fase verstaan wanneer hulle net swart aantrek nie. Swart hare, naels, lippe en siel. Ná daai fases kom die orige fase. As jy as ouer dit in toom probeer hou, is jy vyand nommer een, want jy perk hulle in.

En sê nou maar jy kry 'n kind met wie jy nie oor die weg kom nie. Persoonlikhede verskil. Dit is jou verantwoordelikheid as ouer om vriendelik te wees, want jy gaan geblameer word as hul lewe suur uitdraai. Jy gaan verantwoordelik gehou word vir die letsels. Ek hoor baiekeer goed soos: "My pa was baie koud, daarom is ek so", of "My ma het dit op dié manier gedoen en daarom doen ek dit so." Kinders onthou ongelukkig te goed en dit los spore op die brein.

As jy agterkom jou tienermeisie raak bietjie groot omdat sy 'n ongesonde leefstyl aanneem soos 'n troeteldier, kan jy nie sê: "Sussa, Mamma dink jy raak nou oorgewig" nie. Nee, nee. Daai kind gaan dan emosionele skade opdoen, al is dit die reine waarheid. Ek was mos self 'n kind; ek weet. Dan word daar met die skoolsielkundige gepraat, want jy noem die kind vet. Dan hou sy op eet en dit ontaard in 'n hele drama. Kinders kan drama queens wees.

Sê nou maar jy is die ouer van 'n kind wat ander by die skool boelie. Jy weet partykeer nie waar hierdie seun sy satansmaniere leer nie. Jy leer die kind om ander soos mense te behandel, en voor jou knik hy sy kop. Botter kan nie in sy mond smelt nie. As hy by die skool aankom, is hy 'n tiran. Selfs die onderwysers is bang vir hom, want die beledigings vlieg vinniger as 'n straler uit sy vuil bek. Wie se skuld is dit? Nie jou kind s'n nie. Almal regverdig sy gedrag deur jou te beskuldig – hy moet sy maniere by die huis leer.

Wanneer die skool jou bel oor die klein hel, is jy oorbluf, want hy stel dan voor dat daar in die huis gebid word. Hy was dan die skottelgoed sonder om terug te praat. Hy help jou dan in die tuin. Dan probeer jy die klein wurm verdedig, want vir jou verdoesel hy sy donker maniere. Jy blameer dan die skool en sê hulle bring die lelike kant in hom uit. Dit versterk dan almal se persepsie van jou, want vir hulle lyk dit of die klein kokkerot sy dinge by jou geleer het en jy dit goedkeur.

Of jy word ouer van 'n kind wat meisies se harte links en regs breek: 'n klein hoer. Jy vind eers uit van Boeta se maniere as twee verskillende meisies na jou toe kom en vir jou sê jy gaan oupa of ouma word. Jy is onthuts. Jy wil dadelik toetse laat doen om seker te maak dit is die waarheid, want volgens jou het Seuna nog nooit eers 'n meisie gesoen nie. Maar hy is 'n besige bytjie.

Of 'n meisie wat 'n rondlopertjie is. Wat doen jy? Jy kan nie 'n pak slae gee nie, want sy is groot genoeg (in ouderdom en gewig) om jou terug te moker. Vir wie gaan jy kan sê jou kind slaan jou? Daar is baie mense vir wie sy van die pak slae kan vertel, en kort voor lank is daar 'n maatskaplike werker by jou deur.

Wanneer kinders ouer word, word hulle beter. Skielik kom jy beter met jou dogter en seun oor die weg, want jy moet nie meer vir hulle dink nie. Hulle dink vir hulleself. Jy geniet nou hul geselskap. Jy wil hê hulle moet meer vir jou kom kuier. Hulle gaan egter aan met hul lewe en vergeet van jou soos 'n ou winterstrui. Hulle gaan bêre jou. Kom kuier net vir jou om hul skuldgevoel te streel. Ná al die nonsens waarmee jy opgeskeep gesit het, beteken jy vir hulle niks. Jy sit en vertel konstant vir almal hoe wonderlik hulle is. Jy wys vir almal foto's, want van alles in die lewe is hulle jou grootste prestasie. Jy het so baie tyd aan hulle afgestaan.

Dan is daar die ouers van moordenaars en misdadigers. Mens sien in die nuus hoe 'n ma die hofsaak van haar moordenaar-seun bywoon. Sy gee hom elke dag morele ondersteuning. Druk hom en soen hom voor die kameras voor hy tronk toe gaan. Gaan kuier selfs vir hom in die tronk. Die wêreld praat sleg oor hom, maar sy gryp na enige strooihalm. Sy is die enigste een. Sy het hom nie geleer om te moor nie. Ek weet nie hoe doen ouers dit nie. Regtig.

Die kinders is nie die enigste probleme nie. Die ouers ook. Die pa's wat weghardloop en so nou en dan verskyn en oral hul saad plant.

Die ma's wat drink en elke maand 'n nuwe man in die huis inbring. Die pa wat sy kinders en sy vrou foeter. Die vrou wat aanhou kinders in die wêreld bring, al kan sy nie vir hulle sorg nie. Die meisie wat haar baba in 'n plastieksak in 'n asblik gaan neersit. Die man wat 'n woedeuitbarsting het en al sy kinders op een slag vermoor.

As party mense ook net kan besef dat hulle nie ouers kan of moet wees nie, sal die wêreld in die rigting van 'n beter plek beweeg...

Broeders en susters ...

Almal het kerkpersoonlikhede. Om by die kerk in te stap, is soos om 'n koek in die oond te sit. Dit gaan as deeg in, word gebak, kom as koek uit. Dan staan dit te lank buite en muf 'n bietjie.

Kom ons analiseer hierdie stelling:

DEEG

Dit is dertig minute voor kerk. Dina en Johan haas hulle om die kinders aangetrek te kry. Dina gil op Johan omdat hy nog 'n halfuur lank televisie wil kyk. Die argument begin by die televisie. Dina beduie Johan kyk oor die algemeen te veel televisie. As sy hom soek, is hy voor die TV. Hy moes liewer daarmee getrou het. Johan kap terug: Sy is heeldag op die foon besig om te skinder. As sy maar net soveel aandag aan hom gegee het, sou hy dalk nie soveel bleddie televisie gekyk het nie. Die tier is uit die hok uit; die twee is gereed om mekaar te verskeur. Dina beduie sy wil met hom praat, maar 'n gesprek met hom is soos om met die tafel te praat. Dit verveel haar om net vir hom te kyk.

Johan is nou seergemaak, maar dit manifesteer in die vorm van woede. Dit is ook nie maklik om vir haar te kyk nie, sê hy. Hy moet sy kop heen en weer beweeg vandat sy te veel tyd in die kombuis deurbring.

Dina is briesend. Sy gryp die televisie en smyt dit op die vloer neer.

Sy snou hom walglike goed toe wat hom in die knaters tref. Sy val sy manlikheid aan en sê dit laat veel te wense oor. Dan betree sy gevaarlike grond. Sy vergelyk hom met sy broer Ben. Ben is suksesvol. Ben weet hoe om met 'n vrou te praat. Ben is aantreklik. Ben is romanties. Ben. Ben. Ben.

Johan ontplof soos 'n atoombom. Hy vee Dina se teestel van die tafel af. Teef, gil hy. Mof, kap sy terug. Dit sink in dat Johan pas die teestel gebreek het wat haar ouma vir haar as geskenk gegee het. Dina bars in trane uit. Sy weet sy moes lankal van hom geskei het. Johan daag haar uit om solank haar prokureur te bel. Sy moet net weet sy kry nie 'n sent uit hom uit nie. Oor sy dooie liggaam. Dina beduie in daardie geval sal sy hom help. Sy mik 'n blompot in sy rigting. Johan koes. Sy gryp die DVD-masjien en gooi hom daarmee. Dit tref sy arm.

Dit is nou kwart voor. Johan sê woedend vir haar hulle gaan laat wees vir kerk, maar maak nie saak wat gebeur nie, kerk toe sal hulle gaan. Hulle is nou in die kar; die kinders sit agter en is stil toeskouers. Dina en Johan is nie naastenby klaar nie. Johan bestuur en Dina snou hom steeds goed toe en Johan bestuur vinniger. Dan trap Dina hom uit oor hy so vinnig ry; wil hy hulle doodmaak? Nee, hy wil hulle be-tyds by die kerk kry. Johan besef dan hy het die afrit gemis. Hy gooi 'n vloek. Dina stamp hom teen die skouer; hy kan nie so vloek nie. As hy opgelet het, sou hulle nie nou daai afrit gemis het nie. Maar nee, hy fokus meer daarop om haar voor die kinders te verneder. Hoe moet hul seuns vroue respekteer as hy haar so behandel? Johan beduie sy is die een wat hom met goed gooi en slaan. Sy verdien om iets ergers genoem te word.

Die twee arriveer in die kerkterrein – maar nog in die kar. Johan waarsku haar: As sy nog een keer Ben se naam voor hom noem... Dina val hom in die rede: "Wat gaan jy doen? Hy behoort vir jou 'n rolmodel te wees."

Nou het Johan genoeg gehad. Hy gil: "Ek het 'n affair met jou suster." Dina is bleek van skok. Johan het pas parkeer. Dina is nou verby atoombom-kwaad.

BAK

Sy maak die kardeur oop. Die oomblik dat haar voete daai gras in die kerkterrein raak, kom haar kerkpersoonlikheid uit. Johan s'n ook. Sy waai vir haar vriendin wat met haar gesin loop. Dina: "Ag, my liewe man, kan jy vir die kinders die deur oopmaak?"

Johan stem in. "Het ek vir jou gesê hoe mooi jy vanoggend lyk?" sê hy vir haar. Sy glimlag. Johan hou dan haar hand vas. Hy het sy Bybel in die ander hand. Die twee stap saam die kerk binne. Die kinders volg.

Hulle wag in die kerk se voorportaal. Op die agtergrond word rustige lofmusiek gespeel. Sy is nou nie meer Dina nie, sy is suster Dina en haar man broer Johan. Suster Dina en broer Johan groet almal beleefd. Hul paartjievriende kom sluit by hulle aan. Suster Dina en die vrou praat en broer Johan en die man praat eenkant.

Suster Dina spog met haar man asof hy 'n Olimpiese atleet is. Suster Dina: "Johan het bevordering gekry. Hy verdien dit deur en deur. Hy werk so hard." Dan vertel sy wat Johan alles in die huis ook nog doen. Suster Dina vertel skertsend hoe hy die oggend so lekker televisie gekyk het. "Die mans en hul rugby. Die wedstryd was gister en hy kyk dit sommer weer vandag." Die twee vroue lag. Sy vertel ook 'n staaltjie van haar man. Dina sien dan 'n medesuster wat alleen met haar drie kinders by die kerk instap. Die vrou raas nog 'n bietjie met haar jongste seun wat lawaai. Suster Dina sê dan vir haar vriendin dat daai vrou en haar man twee maande terug geskei het. Suster Dina skud haar kop: "Haai shame, ek kry haar so jammer." (Nuttige wenk: As jy simpatiseer terwyl jy skinder, ruil jy eintlik net inligting uit en skinder jy nie rêrig nie.) Suster Dina vertel dat sy nooit sou kon sê daardie vrou en haar man het probleme nie. Hulle het dan so gelukkig gelyk. Die vriendin stem saam. Suster Dina beduie dat sy die horries gaan kry as sy die dag daaraan moet dink om haar man te skei. Suster Dina word dan die huwelikskenner. Sy sê in 'n goeie huwelik moet mense kommunikeer. Suster Dina vertel dan sy laat broer Johan rustig sit en dan praat sy mooi met hom oor die dinge wat haar kwel.

Sy verduidelik aan haar vriendin dat die stemtoon waarmee jy met jou eggenoot praat, so belangrik is. Hulle skreeu nooit op mekaar nie. Broer Johan moet nooit aangeval voel nie. Die vriendin beaam alles.

Suster Dina vertel dan hoe gelukkig sy is om 'n man soos broer Johan te hê. Sy glo vas dat 'n vrou haar man moet respekteer. Sy sidder wanneer sy die jong huwelike sien. Die vroutjies wat so lelik met hul mans praat asof die mans hul vriende is. Huwelike is ook nie meer dieselfde nie. G'n wonder dit hou nie langer as vyf jaar nie. Suster Dina kan haar net voorstel hoe dinge oor 'n paar jaar gaan wees; mense gaan nie meer trou nie.

Haar vriendin lewer ook kommentaar. Sy vra sommer suster Dina se raad: "Ek en my man het baklei. Ek is nog bietjie vies vir hom."

Suster Dina onderbreek die vriendin: Sy moet haar man vinnig om verskoning vra. Sy kan nie met wraak in haar hart rondloop nie. Vriendin en haar man is 'n span. Vriendin stem saam; sy waardeer suster Dina se insig in die huwelik. Suster Dina voeg by dat sy en broer Johan nooit kwaad vir mekaar gaan slaap nie.

Broer Johan en sy vriend praat nog heeltyd oor rugby en hoe swak die een gespeel het en hoe goed daardie een gevaar het.

Die kerk gaan nou begin. Die twee sluit hul gesprekke met hul vriende af en hou mekaar se hande vas terwyl hulle die kerk binnestap. Hul glimlagte is breed. Hulle neem hul sitplekke in. 'n Paar rye voor hulle is 'n gesin met 'n swart seuntjie. Suster Dina fluister in broer Johan se oor dat sy dink daai gesin het die mooiste harte. Suster Dina: "Shame. Sy naam is Thebogo. Hulle het hom onlangs aangeneem. Hy praat die mooiste Afrikaans. Hy het 'n helder toekoms wat vir hom voorlê. Ek is so trots op hom."

Die predikant is voor. Hy begin saam met die orkes sing. Dan gaan hy oor tot gebed. Suster Dina hou haar man se hand styf vas. Die sang duur voort. Suster Dina sing kliphard, in so 'n operatipe stem. Dit is haar kerkstem. Sy sien dan dat een van haar kinders nie saam sing nie. Sy fluister in sy oor dat hy nou dadelik moet begin sing. Die kind maak so. Dina is meegevoer. Johan ook. Sy oë is toe terwyl hy sing. Hy maak allerlei handgebare. Hy is passievol. Daar is oomblikke dat hy trane in sy oë wil kry.

Die sang kom tot 'n einde. Die predikant begin. Suster Dina haal 'n notaboek uit en skryf alles neer wat die predikant sê. Sy fluister vir haar kinders dat hulle ook moet luister, want sy gaan hulle later vra wat die predikant gesê het. Broer Johan maak 'n nota in sy Bybel. Suster Dina wys dan vir broer Johan dat sy hoendervleis kry, so mooi is die preek.

Die diens is verby. Suster Dina en broer Johan skiet eerste deur toe. Broer Johan staan by die deur en skud almal se hande soos hulle uitloop. Suster Dina hardloop na die teetafel toe. Sy wil help skink. Terwyl sy skink, groet sy almal en verneem na hul kinders. Sy is verbaas om te sien hoe groot party se kinders geword het. Chantelle is een van dié wat so groot geword het. Sy groet suster Dina: "Hallo, Tannie."

Dina: "My magtig, Chantelle, jy het groot geword." Aan Chantelle se sy is haar verloofde, 'n dokter. Suster Dina kyk goedkeurend na die twee – dit is hoe dinge moet wees.

Sy het broer Johan ook op universiteit ontmoet. Sy was in die koshuis daar en hy ook. Hy het altyd vir haar in die voorportaal van die koshuis kom kuier – die dames mag nie mans na hul kamers toe gevat het nie. Hy het altyd vir haar die oulikste goed gedoen en gebring. Hulle het ses jaar uitgegaan voor hulle getrou het. Die herinnering spoel oor haar terwyl sy Chantelle en haar aantreklike verloofde bekyk. In suster Dina se oë is dit die hoogtepunt van die lewe om in 'n huwelik te wees. Sy is dankbaar. Langs haar help 'n ouerige tannie haar skink. Suster Dina ken nie haar naam nie. Sy kry die tannie so jammer, want sy was nooit getroud nie.

Na al die verrigtinge is dit tyd om huis toe te gaan. Sy maak seker sy groet die meeste mense by die kerk. Sy gee haar vriendin 'n drukkie en belowe om haar Woensdag by die selgroepbyeenkoms te sien. Sy fluister ook vir haar vriendin om dinge met haar man uit te sorteer. Die vriendin verseker suster Dina dat sy dit sal doen. Suster Dina is die rolmodel: die definisie van wat 'n vrou moet wees.

Suster Dina vat haar man se hand en roep haar kinders. Hulle stap kar toe. Voor hulle inklim, val hul "broer"- en "suster"-titels, soos pantoffels voor 'n bed.

KOEK

Hulle is steeds onder die invloed van die gees. Hulle herhaal aan mekaar alles wat die predikant gesê het. Kyk diep in mekaar se oë. Glimlag. Johan mis dan weer die afrit. Dina is verskonend; sy het sy aandag afgetrek. Johan vergewe haar dadelik. Dina begin die kinders dan vasvra oor wat hulle vandag in die kerk geleer het. Sy is geduldig terwyl hulle sukkel om te antwoord. Johan is geamuseer. Hy is so gelukkig om sy gesin te hê.

Dina vertel dan vir Johan van haar vriendin en haar man wat so baklei. Sy vertel ook van die tannie wat haar help tee skink het. Sy kan tot vandag toe nie verstaan hoe daai tannie enkellopend is nie. Dina fluister: "Ek wonder of sy lesbies is." Dina wil nie hê haar kinders moet die woord hoor nie. Die een kind het, en vra wat dit beteken. Dina sê baie vinnig haar kind mag nooit daardie woord gebruik nie (vergeet wat sy haar man noem wanneer sy 'n woedeaanval kry).

Hulle parkeer by die huis.

MUF

Hulle stap die huis binne. Dina vra vir Johan of hy solank die kinders kan vra om tafel te dek. Dina begin met die kos. Sy sien Johan het nog nie die kinders gevra om die tafel te dek nie. Hy is besig om die TV wat sy vroeër gebreek het, reg te maak. Dina: "Al weer jy en die TV?" Johan verduidelik hy moet dit regmaak, want hy wil later krieket kyk. Dina wil weet hoeveel keer moet sy hom vra om die tafel gedek te kry. Hy is erger as 'n kind. Johan beduie daar is niks fout met haar mond nie; sy kan mos vir die kinders vra. Dina wil weet hoekom sy altyd alles moet doen. Hoekom kan hy nie bietjie skouer aan die wiel sit nie? Johan kap terug en sê hy maak alleen die geld in daardie huis. Hy verdien dit om te rus. Dina vertel hoe Ben altyd sy vrou help. Ben kla nooit nie. Ben kook selfs vir sy vrou. Ben maak seker dat die kinders sy vrou gehoorsaam en hy het werk. Ben. Ben. Ben.

Johan verhef sy stem. Hy was nie een keer spyt dat hy Dina

verneuk het nie. Nee, hy is spyt dat hy dit nie vroeër gedoen het nie. Geen man sal dit met haar kan uithou nie. Dina gryp 'n warm pot en gooi dit in Johan se rigting. Hy koes. Dina sê sy kry haar suster jammer omdat sy 'n affair met Johan gehad het. Hy is nie 'n man se dinges werd nie. Hy is so lui in die bed soos wat hy oor die algemeen is. Sy gaan nóú haar suster bel en haar bedank dat sy die las van haar skouers verwyder het. Johan moet sommer soontoe gaan. Haar suster sal vinnig genoeg moeg raak vir hom. Johan het genoeg gehad. "Koei!" gil hy.

"Mof!" skreeu sy. Johan gryp sy karsleutel en storm by die huis uit. Dina loop agterna en snou hom 'n paar goed toe. Johan ry; die motorbande skreeu soos hy wegtrek.

Wanneer Johan weg is, klim Dina in trane op die foon: "Ben, dis Dina. Johan drink weer. Ek weet nie wat om te doen nie. Ja, jy kan oorkom."

Die kerk gee ons inderdaad 'n ander persoonlikheid. Dit is net moeilik om dit vir altyd te hou.

Ek mis nogal die kerk. Was lanklaas daar. Ek wil meer soontoe gaan. Ek wil net een in Johannesburg kry waarby ek gaan aanklank vind.

Wanneer ek by die kerk is, is ek 'n introvert. Ek wil slegs met die Here praat en nie baie met ander nie. Ek het wel gevind dat ander nie my sentiment deel nie.

Die laaste kerk waar ek was, is in Lynnwood. Ek moet eerlik sê die teleurstellings het gewemel. Eerstens is dit hierdie groot, fênsie kerk. Ek het verwag die predikant gaan daar wees, en ek was meer as verkeerd. Dit was soos om fliek toe te gaan. Die predikant het in Bloemfontein gesit en ons moes vir hom op 'n groot skerm kyk.

Verder het hy van Bloemfontein af instruksies in Pretoria uitgedeel. Hy wou hê ons moes op en af spring. Ek het bly sit en luister. Hy het gesê ons moenie skaam wees vir die Here nie en ons moet dit bewys. Ons moet spring, klap en skreeu. Ek het summier geweier. Ek kry nie skaam vir die Here nie. Ek gaan egter nie op en af spring omdat 'n televisie vir my sê ek moet nie.

Hy het ook gesê ons moet al die mense om ons se hande skud. Ek het net daar gewonder hoekom hierdie TV-predikant so vol instruksies is. Ek het ongelukkig nie die diens geniet nie.

'n Ander kerk waar ek was, ook in Pretoria, het die deur met sulke nors wagte versper sodat jy nie kon uitgaan nie. Hulle het gestaan asof hulle by 'n klub werk en dronk mense moes hanteer.

Ek het duidelik nie baie goeie kerkoordeel nie. As kind het ek elke Sondag kerk toe gegaan – ons moes. Ek het ook altyd my tiende gegee; dit was gewoonlik nie meer as vyf rand nie.

Ek verlang regtig na die huis van die Here. Ek beskou myself as die Here se stoute seun, maar sy seun nietemin. Ja, ek vloek. Ek skinder. Ek kuier. Ek vry. Ek hou nie van sekere mense nie. Ek vergewe moeilik. Ek oordeel soms. Ek is soms jaloers. Ek verlustig my soms in ander se pyn. Ek begeer soms wat ander het. Ek is partykeer gulsig. Ek is nie altyd 'n goeie mens nie. Ek strewe nie daarna nie en ek marineer beslis nie daarin nie. Ons is mense. Ek moet net die regte kerk kies, want ek raak vinnig geïrriteerd en verveeld ook.

Ek weet nie, maar het die kerk al intussen poptreffers bygekry? Ek onthou dat kerkmusiek nogal van populêre musiek verskil. Ek het nog altyd gewonder hoekom daar so min Jesus-treffers is. Treffers wat in die klubs ook kan speel. Daai doefdoef- en doemdoem-musiek. Dit sal mos heerlik wees.

Ek is 'n aanhanger van Rihanna, die popster (dis nie 'n spelfout nie en ek praat beslis nie van die Afrikaanse een nie), en ek sou graag 'n Here-liedjie in daardie styl wou hoor. Ek dans baie graag soggens in my onderbroek. Hoekom kan dit nie op kerkmusiek wees nie? Ek soek al lank 'n lekker liedjie. Almal het hul eie musieksmaak en ek dink dit sal wonderlik wees as kerkliedjies in hoofstroomtipes ook voorkom.

My ideale kerk is dus een met lekker musiek en natuurlik 'n boodskap. Met 'n predikant wat ek kan sien. Hy moet ook nie te veel instruksies gee nie. As ek nie wil spring nie, moet hy my nie emosioneel afpers en sê ek kry skaam vir die Here nie. Ek en die Here stap al 'n paar jaar saam; hoe durf hy.

My kerkpersoonlikheid is doodeenvoudig dié van introvert. Hy is stil. Hy luister, hy neem in as dit interessant is. Hy sing wanneer hy meegevoer is en nie volgens instruksie nie. Hy sit wanneer hy wil; daar moet tog ook vryheid in die huis van die Here wees. As ek voorgeskryf gaan word wat ek moet aantrek en wanneer ek mag staan, bly ek liefs tuis en dans voor die spieël in my onderbroek. My persepsie van die Here is dat Hy baie cool is. Ek ervaar Hom so en wil niemand oortuig nie, en beslis niemand gaan my anders oortuig nie.

Genoeg gepreek.

Verloor só gewig!

Is jy moeg vir jou vierde wang wat jou gesig laat lyk asof dit nóg 'n mond het? Is jy gefrustreerd met jou kantvetrolle wat lyk asof jou heupe oorgekook het? Sien mense jou boepens voor hulle die res van jou lyf sien?

Jy het al alles probeer, byvoorbeeld dieetpille. Maar met al die newe-effekte voel dit asof jy eerder terminaal siek is as wat jy gewig verloor. Jy sukkel om resultate te sien, maar jou tande raak losser en jou oë raak geel. Jy het probeer oefen, maar die motivering is vaak, nes jý soggens. Jy het selfs slegs skommels begin drink, wat veronderstel is om die vet weg te jaag soos 'n mot wat om jou gesig vlieg.

Jy het elke denkbare dieet probeer, maar jy kry geen resultate nie. Die gewig klou aan jou soos 'n magneet. Jy kyk na brood en jy tel tien kilogram op. Jy dink aan jou gunstelingkos en jou pote swel. Jy kan jou nie eers tot drank wend om jou sorge te verdrink nie, want ook dit veroorsaak dat jy vetter word. Jy is moedeloos, radeloos en net heeltyd honger.

Moet jou nie langer bekommer nie, want die oplossing was nog heeltyd vlak voor jou neus. Ek gaan vir jou 'n paar wenke gee wat jou binne 'n paar weke, of selfs dae, kan help om so maer te word dat jy selfs jou ribbes kan sien: die ideale gewig. Al dié wenke bevat een belangrike bestanddeel wat nie een van jou ander gewigsverliesme-todes voorskryf nie. Dit bevat spanning (of stres), en baie daarvan.

Want 'n goeie dosis spanning jaag vet so vinnig weg dat jy daarna verlang, maar dit nie terugkry nie.

Daar is wetenskaplik bewys dat spanning tot gewigsverlies kan bydra. Wat is die wetenskap daaragter? Google dit en jy sal meer uitvind. Ek lieg nie vir jou nie. Jare lank het jy spanning as nadelig gesien en nou kan jy dit tot jou voordeel gebruik. Dit werk.

Party mense eet meer wanneer hulle spanning ervaar. Die rede hiervoor is dat dit amateurspanning is. Speel-speel-spanning. Ek praat hier van hoëgraadse en uiters professionele spanning wat nie speel nie. Wat resultate gee. Volg my wenke en jy sal 'n nuwe jy wees. Totsiens, tweede ken! Wie is julle, drillerige boude? Jy gaan nie meer 'n rol in jou stap hê nie. Hier volg die wenke:

BESOEK JOHANNESBURG

Ja, alles wat jy van Johannesburg gehoor het, is waar. Jou spanning sal nie verdubbel nie; dit sal tien keer meer wees. Jy is gewoond aan jou mooi lewe in Kaapstad of Bloemfontein of Nelspruit. Jy weet niks. Daarom gaan jy rond en (relatief) gesond bly.

Johannesburg is 'n stad van oorlewing. Dit is nie 'n mooi stad nie. Vandat ek hier bly, probeer ek aan plekke in Johannesburg dink wat mooi is, maar my brein sukkel om een te kry. Die middestad vat die koek as die lelikste gedeelte in Johannesburg; daarom is ek oortuig dit val dan onder die topdrie in Suid-Afrika. Alles is generies. Dit is gebou op gebou en lawaai op lawaai. Selfs die bome in Johannesburg lyk depressief. Die stad is moeg. Dit is ook baie vuil. Dit lyk asof dit al deur baie beproewings is. As Johannesburg 'n mens was, sou hy een van daai onaantreklike mense gewees het wat dink hulle is as geskenke op die aarde geplaas sodat ander na hulle kan kyk. Ek weet nie wat ek nog kan sê om te beklemtoon hoe onaantreklik hierdie stad is nie. Ek het gehoor daar is iewers 'n botaniese tuin en ek is seker dit is die mooiste ding wat Johannesburg het, maar dit kom sekerlik nie naby die vyfde mooiste ding in 'n semi-aantreklike stad soos Pretoria nie.

Wat alles erger maak, is dat Johannesburg nie net lelik is nie, maar ook duur. Die woonstelle is byvoorbeeld visueel afstootlik, dit is klein, en jy moet betaal asof jy in 'n paleis bly. Water en ligte brand ook 'n gat in die sak, so asof dit spesiale water en ligte is. Het hierdie plek nie ook die meeste beurtkrag nie? En dan het dit boonop e-tol. Sien, dit raak net erger.

Johannesburg is ook 'n mislike stad. Almal is beneuk, haastig en konstant op die pad. Jy kan nie iewers heen gaan sonder dat iemand voor jou wil indruk of vir jou toet nie. Almal stap ook vinnig, asof hulle laat is vir 'n vergadering.

Dit is ook natuurlik die hoofstad van misdaad. Die misdadigers in ander dele van die land kom nie eers naby Johannesburg s'n nie. Mense word in Johannesburg verwelkom met die een of ander vorm van misdaad. Dit is ook onvoorspelbare misdaad – so goed is hulle. Die misdaadspyskaart is vol en bevat goed wat jy nie gedink het moontlik is nie.

'n Besoek aan Johannesburg is dus al wat jy nodig het om jou spanning lekker aan die gang te kry. Een besoek is nie genoeg nie. 'n Paar besoeke sal verseker jy bereik jou ideale gewig. Johannesburg stel jou dalk in alle ander opsigte teleur, maar beslis nie wat gewigsverlies betref nie. Kom gerus.

SOEK DIE VERKEERSPOLISIE OP

Die verkeersbeamptes kan ook baie met die vetjies help. Hulle is onvoorspelbaar. Jy weet nie of hulle regtig verkeerspolisie is of mense wat jou R200-noot sien en 'n rede soek om dit te vat terwyl jy jou lisensie uithaal nie. Luister radio en probeer uitvind waar hulle gaan wees.

Ek hoef nie eers iets verkeerds te doen om bang te wees vir hulle nie. Hulle het my 'n paar keer gestop. Hulle vra 'n klomp vrae asof ek iets het om weg te steek, en ek kan hul teleurstelling sien wanneer hulle my nie kan vastrek nie. Mens kry hulle veral in die aand.

Daar was mos 'n tyd toe die misdadigers polisiekarre nagemaak en mense in die middel van die nag gestop het om hulle te beroof.

Dit vererger jou spanning, want jy weet nie of dit 'n regte beampte is nie. Dan vra jy hom of jy by 'n vulstasie kan gaan stilhou, want jy sal veiliger voel daar. Hy raak geaffronteer en is nog kwater. Hy kan jou mos arresteer as jy nie saamwerk nie. Jy moet dus maar net doen wat hy sê en hoop vir die beste, anders slaap jy in die tronk. Vir vinnige gewigsverlies, ongeveer 'n dag of twee.

Gaan sommer tronk toe. Ek kan nie veel daarvan sê nie. Die stories wat ek gehoor het, plaas my in 'n posisie om te kan oordeel. As jy nog nie daarvoor kans sien nie, gaan ry maar rond waar die verkeersbeamptes staan. Om seker te maak jy kry resultate, maak soos die bakkiebestuurders en vra die beampte geïrriteerd hoekom hy jou stop en wat hom die reg gee. Jy sal baie gou 'n eskalasie van emosies sien. Jy kry dalk baie meer as wat jy verwag het.

GAAN TOILET TOE WAAR JY WERK

Jy is nie in 'n verhouding met jou kollegas nie. Jy wil nie hê hulle moet alles van jou weet nie. By die huis sit jy seker op die troon en gesels heerlik met jou wederhelfte, al is daar eienaardige geluide. So daarvan gepraat: Ek kon dit nog nooit verstaan nie. Hoekom op dees aarde wil jy hê iemand moet so gewoond aan jou raak? Troonsit behoort 'n uiters private affère te wees. Niemand hoef jou biologiese proses so goed te ken nie. Vir die meeste mense is troonsit by die werk vreesaanjaend. Probeer dit. Veral in 'n kantoor vol mense. Jy sal strategies moet omgaan met die geluide wat jy voortbring. Jy sal dit veral moet monitor en op beheerste wyse hanteer. Kan jy jou die vernedering indink as almal die gedruis uit die toilet moet hoor? Jy moet nog almal in die oë kan kyk. Dit gaan jy nie maklik oorleef nie.

Moet in die vervolg dus nie uitgaan en by 'n winkelsentrum gemaklik gaan sit en jou ding doen nie. Doen dit in die kantoor; die spanning sal daai vet opeet soos jy die vorige aand daai koek verslind het. Doen dit veral as jy van iemand by die werk hou. Jy wil mos nou nie hê jou crush moet 'n onvleiende beeld van jou koester nie. Dit gaan jou spanning beslis nuwe hoogtes laat bereik.

Dit gaan ook nie help om dit net nou en dan te doen nie. Doen dit gereeld. Jy moet genoeg spanning opgaar. Effentjies het nog niemand gehelp nie. As jy uit die badkamer kom, is dit belangrik om die mense wat jy eerste raakloop, wys te maak dat jy slegs gepiepie het. Om te lieg stoot spanning op en jy weet nie of daardie persoon jou gaan glo of nie. Sê iets soos: "Ek het 'n nood gehad wat skrik vir niks." Dan wag jy letterlik in spanning om te sien of hulle dit glo of nie. As jy nie seker is nie, is dit ook goed vir jou gewig, want jy gaan heeltyd bekommerd wees oor wat hulle van jou gaan dink of dat hulle jou ander kollegas gaan vertel dat jy jou besigheid by die werk doen. Niemand wil daardie reputasie hê nie. Almal weet dat elke liewe mens nommer twee, maar niemand wil daaraan dink of daaroor praat nie. Ons gril daarvoor asof ons dit glad nie doen nie.

GEBRUIK DIE EINDE VAN DIE MAAND

Die einde van die maand klink vanselfsprekend. Dit is wanneer jy die minste geld in jou bankrekening het en nie juis koek en dies meer kan bekostig nie. Daar is dus klaar spanning wat daarmee gepaardgaan. Ek is egter hier om wenke te gee wat spanning verhoog. Die einde van die maand se rou spanning is nie genoeg om jou so te laat stres dat jy in daardie baaikostuum kan pas nie. Sê dit saam met my: Verhoog dit tot die volgende vlak. Mooi. Jy moet dit beslis opstoot. Hoe doen mens dit, Piet? vra jy vol afwagting.

Neem iemand oor wie jy mal is aan die einde van die maand uit. Gaan eet by 'n bekostigbare restaurant. Nie te duur nie; ken ten minste jou limiete. Moenie te veel of te duur of te min of te goedkoop eet nie. Eet gemaklik. Billik. Gesels lekker. As die rekening kom en jou maat wil betaal, keer hom/haar en sê jy sal daarvoor sorg.

Sien, wat jy daar gedoen het, is om jou stres tot die volgende vlak te laat styg, want daar is 'n moontlikheid dat jou kaart nie genoeg geld op het nie. Jy moet egter nie voor die tyd presies weet wat in jou bankrekening is nie. Jy kan 'n idee hê, maar jy moenie in die kol wees nie. Jy moet die gevaar loop om verneder te word voor die persoon van wie jy so baie hou. Die gedagte moet jou rillings gee. Daarom is dit noodsaaklik om nie iemand uit te neem van wie jy net 'n bietjie hou nie. Jy moet so baie van hierdie persoon hou dat jul troue reeds in jou kop beplan is. Die persoon moet jou hartkloppings gee soos net daardie energiedrankies kan. Jy moet konstant aan daardie persoon dink. Die beste maatstaf is as jy kort-kort sy/haar Facebook-blad besoek en sy/haar foto's oor en oor deurgaan. Dít is die vlak van verliefdheid wat daar moet wees.

Dus gaan jy heeltyd tydens die ete sweet en wonder of jy dit kan bekostig. Die senuwees gaan jou verder oorrompel, want jy gaan begin wonder of hy/sy kan sien jy sweet. Jy wil nie lyk asof jy pas geswem het en dit is winter nie. Die sweet is goed vir gewigsverlies. Daarna sal jy kort-kort badkamer toe gaan om te kyk of jy te erg sweet. Jy gaan dan bang wees hy/sy dink jy het maagwerk.

Sien, dit is die ideale spanningsituasie waarin jy jou wil bevind. As dit so aangaan, kan jy daai rok aantrek wat jy laas op hoërskool gedra het. Jy is nou wel in 'n moeilike situasie, maar jy gaan beslis die laaste lag. Wie die laaste lag, lag die lekkerste. Sê dit saam met my: Wie die laaste lag, lag die lekkerste.

BESOEK 'N KROEG IN PRETORIA

Dit is moeiliker as wat dit klink. Jy dink aan gesellig wees en lekker kuier. Nee, dit is beslis nie wat ek bedoel nie. As jy 'n man is, moet jy eers die volgende doen: Trek baie flambojant aan. Ek praat van pers en pienk – hulle is altyd wenners. As jy groen aantrek, maak seker dit is gilgroen, en doen dieselfde met geel. Vermy blou; dit is nie genoeg nie, want dis te kalm. Jy wil 'n kleur aantrek wat sê: Hallo, ek is hier, moer my. As jy jou uitrusting reg het, is dit tyd om uit te gaan.

Kies 'n kroeg met aggressiewe suipers. Die rooi moet al op hul wange sit van al die brandewyn. Hul oë moet byna dieselfde kleur as hul lippe wees. Hulle moet van daardie suipers wees wat betaaldag in die kroeg begin. Daar is gewoonlik 'n ingeboude woede in hulle.

Stap by daardie kroeg in en groet die manne met selfvertroue.

Moet glad nie selfbewus lyk nie, al voel jy so. Jy wil effe arrogant voorkom. Jy moet 'n kaatjie-van-die-baan-mentaliteit aanneem. Moenie met hulle moeilikheid soek nie, nee, asseblief nie. Jy moet dit laat lyk asof jy deel is van hulle. Dit sal hulle dadelik aanstoot gee. Hulle wil beslis nie met pienk geassosieer word nie. As jy 'n geselsie met een moet aanknoop, praat van "ons manne" en betrek hulle by jou groep. Laat hulle voel asof jy hulle jou gelykes ag.

Wat jy hier doen, is om 'n situasie te skep waar jy mense, dronk mense, behoorlik omkrap. Suiplappe het baie min inhibisies en ont-settend baie selfvertroue. Die spanning, en die vrees dat jy goed gemoker kan word, is besig om op te bou. Jy kan enige tyd 'n hou voel aankom. Dit is mos 'n eienskap van sekere mense: Hulle voel hulle moet iemand straf wat nie soos hulle is nie. Hulle kan nie verskille aanvaar nie. Hulle moet andersheid probeer uitstoot, want dit is volgens hul oortuiging nie aanvaarbaar nie. Ons slaan munt uit daardie naïewe sienswyse van mense en gebruik dit om gewig te verloor. Moet nooit vergeet dat dit alles gaan oor hoe om daardie slank lyfie te kry vir wanneer Desember weer sy hitte oor die land blaas nie.

Vroue, julle kan probeer om met 'n ou te gaan flankeer wat by sy meisie sit. Moenie met hom praat nie. Sit by 'n tafel oorkant hom en maak vir hom ogies. Die gevaar is dat sy meisie jou gaan sien, en ons almal weet mos teen dié tyd hoe dit werk: Die een wat verneuk, is nie heeltemal die vark nie. Die persoon met wie hy verneuk, is die grootste vark.

So wonder jy vreesbevange of sy jou gaan betrap en jou hare voor almal uit jou kop sal pluk. Gaan vroeër die dag salon toe en maak seker jy lyk mooi. Dit verhoog wat op die spel is. Hierdie scenario kan jou en daai mooi rooi rokkie beslis laat stres. En is dit nie presies wat jy wil hê nie?

RAAK VERLOOF
Hierdie een is 'n wenner vir mans en vroue. Dit is 'n lekker traumatiese

ding om te doen, wat sommer sal verseker jy lyk goed vir die troudag – twee vlieë met een klap.

Vir 'n man om 'n vrou te vra om te trou, is 'n hele proses. Eers moet jy met haar ouers gaan praat en dit is nog erger as hulle nie van jou hou nie. Jy moet hulle blykbaar vra of jy hul dogter joune kan maak. Daardie stres kan jou maagkrampe gee. Dan sê hulle ja. Nou bly jy nagte wakker om die perfekte tyd en plek te kry om háár te vra. Jy wil dit vir haar so romanties maak dat sy aan die huil gaan. Daar moet trane wees, anders het jy misluk. Jy het slapelose nagte oor die groot vraag. Dan kry jy 'n idee. Jy is seker sy gaan ja sê, maar ook nie heeltemal nie, en jou stres duur voort. Dan breek die dag aan wanneer jy jou Eva moet vra. Jy hoop intussen sy kry nie snuf in die neus nie. Die angssweet drup uit jou kliere. Jy wil hê alles moet vlot verloop. Alles gebeur dan soos beplan en sy sê ja. Tot en met hierdie punt was daar genoeg spanning om so 'n kilogram of twee te verloor.

Liewe vrou, jou spanning begin nadat jy ja gesê het. Jy moet basies die troue reël. Jy moet kwotasies kry. Jy moet strooimeisies bymekaarkry. Jy besef jy het nie genoeg vriendinne nie en moet dié inkatrol van wie jy net-net hou. Die trourok is jou grootste nagmerrie, want jy is die ster van die troue. Jou toekomstige man is bloot 'n byspeler. Jy het ook die verantwoordelikheid om 'n beter troue as al jou vriendinne te hê. Toe jy by hul troues was, het jy bietjie geoordeel. Jy: "Ek sou ander blomme gekies het." Wel, nou is dit jou beurt. Die troudag kom aangedraf en die stres vererger.

Hierdie proses veroorsaak heerlike gewigsverliesspanning vir 'n vrou. Elke vrou moet baie kere verloof raak. Die enigste nagmerrie is daardie lastige wittebrood. Wittebrood roep al die vet terug, soos 'n kleuterskooljuffrou wat die kinders na pouse roep. Jy pof weer op soos 'n ballon vol water, maar bars kan jy nie. Raak verloof, maar wees versigtig vir die nagmerrie-wittebrood.

Vergeet van al die ander gewigsverliesmetodes. Vir wat moet jy 'n droë stuk hoender en geurlose groente eet? Hoekom moet jy vroeg opstaan om te gaan oefen? Met die nodige spanning kan jy eet net wat jy wil en steeds die figuur hê wat jy begeer. Vergeet die sogenaamde Banting-boeke en vreemde pille en skommels. Volg Piet se gewigs-verlieswenke, en wag in spanning...

Kan ek 'n student bly?

Ek wil weer 'n student wees. Kan ek, asseblief? Ek gee nie om waar nie. Maties, Tuks, UJ, Pukke. Ek weet nou bietjie meer en dit is vir my te veel.

By Pukke moes ons ontgroen word om ons te stroop van die beeld wat ons van onsself gehad het. Hulle het dit nie ontgroening genoem nie. Dit was 'n bekendstellingsprogram. Ek het nou gemengde gevoelens daaroor. Ek vind dit nie problematies nie, maar ek verstaan hoekom dit nie ideaal sal wees nie.

Ons was vars uit die hoërskool. Daar was ons mos die room. Ons het goed geweet wat niemand in die ander klasse geweet het nie. Party het geweet hoe om 'n kar te bestuur. Ander het teen daardie tyd reeds wyn geproe. Sommiges het al saam geslaap. Dan was daar die boekkennis wat meer gevorderd as die ander klasse s'n was: bietjie moeiliker wiskunde en wetenskap. Die matriekgroep het uit die belangrike leiers bestaan. Ons het spesiale baadjies en truie ook gehad. Wittes, as ek reg onthou, terwyl die ander blou gedra het. Dit is 'n bittersoet ervaring om 'n matrikulant te wees. Jy word die ster van die skool; almal sien op na jou. Dan is daar daardie verpestelike eksamens wat jou pret bederf, maar tog so belangrik is. Dis 'n te groot vernedering om die volgende jaar terug te kom.

Die matrieks is die son van 'n skool. Die skool word beoordeel volgens hoe goed sy matrikulante vaar. Hulle het mag. Hulle weet dit en geniet dit. Die prefekte in ons skool kon debietpunte uitdeel.

Waar het jy al daarvan gehoor? Al die sportsoorte met matrieks in die span is die belangrikste. Die eerste span van alles bestaan meestal uit matrieks. Hulle lei die dramagroepe en die kore en alles wat saak maak. Die graad 8's sien op na hulle en wil eendag bereik wat die matrieks doen. Die beuel word dus behoorlik in matriek geblaas.

Die einde van die jaar is nog meer opwindend. Die sogenaamde matriekvakansie lê voor en dan word vryheid met alles en almal omarm. Die lewe lê voor jou soos 'n rooi tapyt. Drome is op hul helderste. Dit maak nie saak of dit prakties is of nie. Die wêreld is oop en dit behoort aan 'n agttienjarige.

Universiteite weet van dié mentaliteit. Hulle wag die nuwe jonges in en lek hul lippe af, want jy was 'n ruk lank 'n ster, en nou is dit tyd om jou bietjie te knak. Om jou te laat besef jy is nie omega nie. Alles eindig nie by jou nie. As eerstejaars het ons dit baie gou besef.

Ons was in die koshuis se saal, al negentig eerstejaars. Ons het mekaar gegroet en rondgekyk. Baie verward, want die ouers en voogde was weg. Die seniors wat ons gehelp het om ons tasse in te dra, was weg. Vir my was dit Mercia van die ATKV, my tannie Wenette en oom Hannes. Hulle was weg. Dit was ons negentig voormalige supersterre wat in mekaar se geselskap gestaan het. Ons het nie presies geweet wat om te verwag nie. Toe begin musiek skielik speel: "Let the bodies hit the floor" was die woorde. Ek onthou die musiek van die WWE-stoei op TV. Die volgende oggend bars die huiskomitee in en begin skreeu: "Jy dink jy is die beste! Hoekom moes ek jou help goed dra! Jy is lekker grootman omdat jy hoofseun was! Hoekom kyk jy vir my!" So het dit aangegaan. As ek nou terugdink, was hierdie scenario nogal komieklik. 'n Spul studente tussen 21 en 24 jaar oud wat op 19-jariges gil asof hulle iets van die lewe weet.

Daarna het 'n week van eenvormigheid gevolg. Ons moes almal dieselfde klere dra, ons moes in rye loop en as ons 'n glips gemaak het, moes ons "dink". Ons wou nie graag "dink" nie. "Dink" is wat die gimnasiumgangers as "planking" ken. Dit is 'n lug-opstoot, maar jy bly dertig sekondes of langer in die lug. Ek het later eers besef dat ek daardie week fantastiese oefeninge gedoen het. Ons moes onder meer ook na sommige bestemmings draf en elke keer dat ons regtervoet die grond raak, moes ons "blou" skreeu. Ons is "plebs" genoem. Die plebs van Patria. Hoewel ons die eerste ruk geleer is ons is "pleppe" – iemand het intussen seker 'n woordeboek opgetel.

Ons groet was 'n borsslaan met jou regterhand teen die linkerkant van jou skouer. Elke pleb het daarna gestreef om sy bors die heel hardste te slaan. Dit bewys jy is 'n uitblinkertjie. Ons moes natuurlik al die huiskomiteelede se name en titels uit ons koppe ken, en later die res van die seniors in die koshuis se name en titels. 'n Tweedejaar was meneer. Derdejaars was oumenere en vierdejaars ooms en vyfdejaars oupas. Almal ouer kon hul eie titels kies. As jy edelagbare genoem wou word, kon jy.

Ons moes soggens vroeg opstaan en die huiskomiteelid in ons gang op 'n kreatiewe manier wakker maak. Ek onthou ons moes 'n ruk lank ook vir hulle ontbyt maak, of so iets. Daar was 'n klomp sulke aktiwiteite wat die boom help buig het. Buig 'n boom terwyl hy nog jonk is. Niemand is te oud om gebuig te word nie ...

Daar was 'n ding genaamd speeltyd. Dan moes jy die seniors in jou gang leer ken. Hulle sit om 'n tafel en jy loop en groet elkeen – jy moet hul name ken. Bewaar jou siel as jy een se naam vergeet, want dan blaf hy vir jou. Ons het later ook koshuispa's gekry. In my jaar moes jy voor die seniors staan en hulle kies hul kinders. Ek is laaste gekies. My pa was niks om oor huis toe te skryf nie; hoekom is pa's altyd sulke teleurstellings?

Ons moes aan die begin ook die koshuis sowel as die gang groet. Die gang was eintlik die vloer waarop jou kamer was. Ons het vier vloere gehad.

Daar was 'n string beperkings op watse kuierplekke in Potchefstroom ons kon bywoon. Soos die jaar aangestap het, het ons meer kuierplekke gekry. Die eerste kuierplek wat ons gevind het, was Impala, waar hulle gesokkie het. Die laaste een was so 'n klubberige situasie.

So is ons superster-etiket van ons afgerokkel. Ons het baie gou begin verstaan dat ons nie meer die meeste geweet het of enigsins die beste was nie. Ons was die minste en daar is beklemtoon dat ons ons plek moes verdien. Ons was plebs. Die universiteit was groter, met meer mense en meer goed. Dit was niks in vergelyking met die tweeduisend vierhonderd kinders in Waterkloof nie. Hier was meer as tien keer die aantal mense.

My visie het breër geword. Ek het geleer daar is meer, daar is beter. Ek het op skool nie veel antagonisme teëgekom nie. Almal ondervind die wreedheid van die wêreld in 'n sekere mate, maar mettertyd ervaar jy meer. Jy gaar die wreedheid op en jy begin die mens se natuur ken. Onder my mede-plebs was daar broederskap, wat natuurlik met teenstryd en soms wreedheid gepaardgegaan het. Op die swakkelinge is neergesien en hulle is stelselmatig uitgestoot. Die gays ook – dit was immers 'n manskoshuis. Ek onthou tydens die debat (of "swete", soos dit bekend was) vir ons nuwe huiskomiteelede het een man gevra: "Wat gaan ons doen oor die gay-situasie in die koshuis?" Ek weet nie hoekom ek lag terwyl ek dit tik nie.

Vir ons tweede jaar moes ons nuwe kamers kies om vir die nuwelinge plek te maak. Die een met die hoogste punte kon kies watse kamer hy wou hê. Ek was die tweede hoogste in die gang. Die puntesamestelling het bestaan uit buitekurrikulêre aktiwiteite en akademiese prestasie.

Toe ek en my kamermaat 'n kamer in 'n sekere deel van die koshuis kies, is ek deur een van my mede-plebs gevra om eerder 'n kamer te vat waar die ander swartes is. Broederskap, twee, drie! Dit het voorheen op skool nie saak gemaak nie. Nou hét dit skielik.

So het die lewe se nuanses duideliker geword. Daar is meer kinkels en hoe ouer jy word, hoe meer leer jy hulle ken. Op hoërskool was dit eenvoudiger; daar was minder kinkels. Op universiteit het ek eers begin leer. Die akademie was nie die grootste les nie; mense se maniere was.

Met verloop van jare het ek gemakliker in my nuwe vel geword. Ek het die senior geword wat ook op plebs gegil het en gehelp het om hul realiteit te kraak en te breek.

Ek moet wel meld dat ek lekker in Potchefstroom gestudeer het en dat ek ook 'n string goeie goed het om te sê. (Natuurlik het ek goeie vriende gehad en lekker gekuier en 'n graad gekry en, en, en.)

Ek het daarna gaan werk en my wêreld het nog wyer oopgegaan. Daar is ek geleer dat jou kollegas nie ooms en tannies is nie. Jy noem hulle by die naam. Titels het nie hier bestaan nie. Die werk was die ontgroening. Ek moes vinnig leer hoe sekere dinge werk en daarby aanpas. In hierdie wêreld het die mense jou nie probeer knak nie. Die werk het. Dit het vir jou gesê dat jy niks weet nie. Ek was weer student. As werkende het ek weer ander dele van mense gesien.

Daar is altyd 'n kinkel. Mense doen dinge vir hulleself. Mense is strategies en venynig. Hulle kan goed wees, maar hulle kan ook uiters wreed wees. Ek sou tien jaar terug nie al hierdie goed kon gesê het nie, want ek het nie geweet nie. Ek wens ek het steeds nie geweet nie. Ek wens ek kon nog glo dat iemand net goed kan wees. Ek wens my kennis van mense was nie so diep dat ek hul oppervlakkigheid raaksien nie.

Ek wil weer 'n student wees, maar op een voorwaarde: Vat my terug na die oomblik toe ek in my koshuis se saal gestaan het. Voor die huiskomitee ingestorm het om my te "knak". Vat my terug na daardie oomblik toe. Asseblief. Ek hou nie van wat ek weet nie. Ek wil dit nie weet nie. Vat my net terug tot voor ek die mens se maniere leer ken het. Dit is die grootste les wat ek gedurende en sedert my universiteitsjare geleer het. In daardie saal met negentig ander wat ook nog 'n eenvoudiger beeld van die lewe gehad het, wil ek staan. Ek het toe baie meer hoop gehad as nou.

Hoofstuk Twee-en-twintig

Dwarsklap

Wanneer laas het jy behoorlik slae gekry? Nie uit liefde nie. Ek praat van geneuk, gemoer, gedonder. Ek is tien jaar terug goed gemoker. Ek proe nog die bloed in my mond. So 'n ystersmakie. Ek dink amper ek het sterre gesien wat om my kop gedraai het.

Wie vergeet ooit die dag toe hulle geslaan is? Ek was in matriek. Ek het toe 'n groot bek gehad en ek het nou ook een. Die enigste verskil is dat ek intussen geleer het dit is soms beter om iets vir iemand te sê wanneer die persoon ver weg is. Nie in sy gesig nie. 'n Dwarsklap los nie net fisieke letsels nie, maar ook emosionele wonde. Dink net aan die vernedering wanneer jy bekend staan as die persoon wat gemoker is. Ek het vir 'n oomblik so 'n etiket gedra.

Dit was hoeka so in die kinderhuis. Ek was mos so 'n sarkastiese, bitsige enetjie – altyd iets oor alles en almal te sê gehad. Daardie dag het ek dit vir die verkeerde persoon gesê. Ek het nog die deur in sy gesig toegeklap. Toe pluk hy dit oop en vra my wat ek gesê het. Kyk, die vent was lankal lus om my by te kom en daai dag het die pot oorgekook. Ek het vol selfvertroue herhaal wat ek gesê het en die kind het naby my kom staan om my te moker – en hy het. Ek het ewe probeer terugslaan, maar net een hou ingekry. Hy het 'n paar houe geland en my so hard getugtig dat my een tand deur my bolip geboor het. Hy het presies geweet waar die swak plekke in die gesig is en daarop gefokus. Hy het my ook herhaaldelik op my slape geslaan. Duidelik was hy 'n óu bakleier. Dit was nie die eerste keer dat hy

iemand tugtig nie. Dit was wel my eerste keer in 'n regte geveg.
Ek het steeds die letsel as jy mooi kyk.

Ek het naderhand ophou slaan en om hulp geskreeu, want hy was
nou onstuitbaar. Die huistannie het hom gekeer, en ons is toe dokter
toe vir my lip. In die kar het die tannie my 'n "instigator" genoem. Sy
het vir my gesê ek is die katalisator van drama. Van die ander kinders
het ook gejubel en gejuig oor die dag toe ek verslaan is. As hulle fone
gehad het, sou hulle dit net soos vandag se kinders gedokumenteer en
op die web geplaas het. Deesdae is dit mos die een na die ander video
van een meisie wat 'n ander se hare trek, of 'n kind wat deur ander
geslaan word. Op die agtergrond van die video hoor jy net mense wat
giggel en die bakleiers aanhits.

Ek het daardie dag geleer dat ek nie kan baklei nie. Ek sal nie meisies
so beledig deur te sê ek baklei soos 'n meisie nie. Nee, nee. Ek het ook
al toegekyk toe een meisie 'n ander buite die klub bygekom het. Sy het
haar so hard geklap dat die ander een die vloer getref het. Toe is die
een op die vloer herhaaldelik geskop. Die ouens het hul selfone gehad
en begin afneem. Ek het soos 'n oom "Nee, julle" gesê en probeer keer.
Ek weet dus dat 'n vrou jou 'n p-klap (peperklap) sal gee as sy die dag
lus het. Ek soek woorde om te beskryf hoe ek baklei het. My hande het
in 'n rigting gevlieg. Ek het meestal mis geslaan, want ek het nie juis
gemik nie. Ek het net my hande rondbeweeg en gehoop ek slaan raak.
Dit het nie gewerk nie. Naderhand het ek probeer keer. Ek is ook nie
'n goeie keerder nie, want dit was asof ek hom gewys het waar hy my
moet slaan. Ek dink nie eers jy kan dit 'n geveg noem nie, want ek het
verloor voor dit begin het. Hy het my goed geneuk, gedonder, gemoer.

Daarna het ek nogal my woorde versigtig gekies in sy teenwoordig-
heid en nie veel met hom gepraat nie. Ek het hom vermy. Dit was
beslis vir die ander 'n lekker storie om oor te vertel. Mense vertel mos
graag oor wanneer iemand struikel en val en wanneer mense geslaan
word. Ons almal doen dit – vertel dit graag oor. Dit is mos nie iets
wat jy elke dag sien nie. Die ander persoon wil gewoonlik weet wie
gewen het. Hy geniet dit veral as die verloorder iemand is van wie hy
nie hou nie.

Ek het dus onderneem om my nooit weer in 'n posisie te plaas waar ek aan die ontvangkant van 'n vuis of 'n klap is nie. Ek is al in 'n kuierplek opsy gestoot. Ek het die ou maar net 'n kyk gegee en nie veel gesê nie. Hy was korter as ek, maar sy arms was groter as myne. Hy sou my foeter. Die mense in kuierplekke is juis dié wat video's neem.

Daarom doen ek 'n beroep op alles wat asemhaal. Om geslaan te word, verg regtig baie fisieke en emosionele admin. Jy moet keer en terugslaan en stamp en skop en vloek. Emosioneel is jy verneder en skaam en bang en 'n grap. Ons kan nie iemand anders se dade beheer nie; ons kan wel ons eie beheer.

As jy dus voel jy wil vir iemand iets sê wat jou moontlik aan die ontvangkant van slae gaan kry, tel tot tien in jou kop, loop weg en gaan sê vir een van jou vriende wat jy ook al vir die persoon wou sê. Jou vriend kan saam met jou lag, en ten minste is jou gesig nog heel.

Almal se lewens is beter sonder 'n vuis of 'n dwarsklap.